视频直播营销与运营实战108招

小技巧大效果

谭静　编著

人民邮电出版社
北京

图书在版编目（CIP）数据

视频直播营销与运营实战108招 ： 小技巧大效果 / 谭静编著. -- 北京 ： 人民邮电出版社，2019.2 （2020.3 重印）
ISBN 978-7-115-49778-9

Ⅰ. ①视… Ⅱ. ①谭… Ⅲ. ①网络营销一基本知识 Ⅳ. ①F713.365.2

中国版本图书馆CIP数据核字(2018)第253686号

内 容 提 要

本书包括十大专题内容，从网络直播的出现与发展的时代大势、直播模式的营销应用发展和进阶、三大直播主体、直播营销与运营策略以及风险管控等角度，帮助读者了解直播营销与运营。

全书共分为10章，具体内容包括：“顺应变化：懂营销者借大势”“活学现用：博采众长，自成一家”“经纪公司：高效运营，实现三赢”“直播平台：新模式才有新出路”“直播主播：人物IP是核心”“内容为王：解决需求才是真营销”“打造爆款：差异化运营才能突围”“百家齐推：个人直播变全民直播”“营销目的：盈利变现是关键”“风险管控：小心驶得万年船”。

本书逻辑架构清晰明了，对技巧的讲述深入浅出、图文并茂，在网络直播营销与运营方面具有较强的实用性和针对性，适合网络直播领域的运营者、管理者，特别是主题策划者、宣传推广者阅读。

◆ 编　　著　谭　静
　责任编辑　李士振
　责任印制　周昇亮

◆ 人民邮电出版社出版发行　　北京市丰台区成寿寺路 11 号
　邮编　100164　　电子邮件　315@ptpress.com.cn
　网址　http://www.ptpress.com.cn
　北京虎彩文化传播有限公司印刷

◆ 开本：700×1000　1/16
　印张：13.75　　　　2019 年 2 月第 1 版
　字数：238 千字　　　2020 年 3 月北京第 6 次印刷

定价：49.80 元

读者服务热线：(010)81055296　印装质量热线：(010)81055316
反盗版热线：(010)81055315
广告经营许可证：京东工商广登字 20170147 号

前言

近两年，直播开始不断被大众提及，关注直播的人也越来越多——

我想购买生活所需物品，我关注直播，因为它直观；

我想寻求精神食粮补给，我关注直播，因为它深刻；

我想轻松打发无聊时光，我关注直播，因为它贴近。

当你成为直播用户中的一员、被直播吸引的时候，你是否注意到了其中的巨大商机呢？

对比场景一：线下实体店前，门可罗雀；

线上商铺接口，人流众多（如图 1 所示）。

对比场景二：线下实体店内，看看即走；

线上商铺接口，瞬间成交（如图 2 所示）。

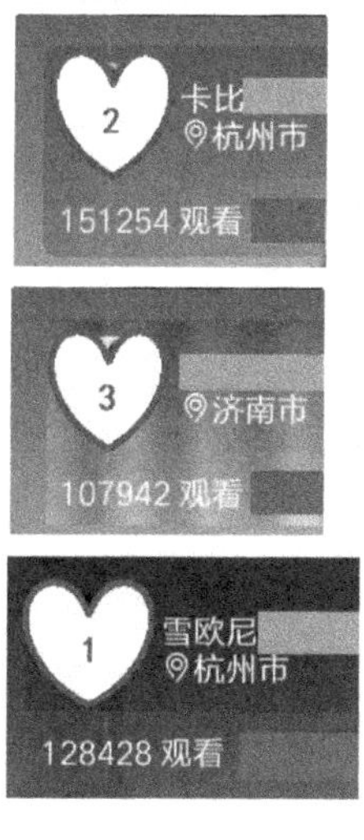

▲图 1 人流众多的淘宝商铺接口

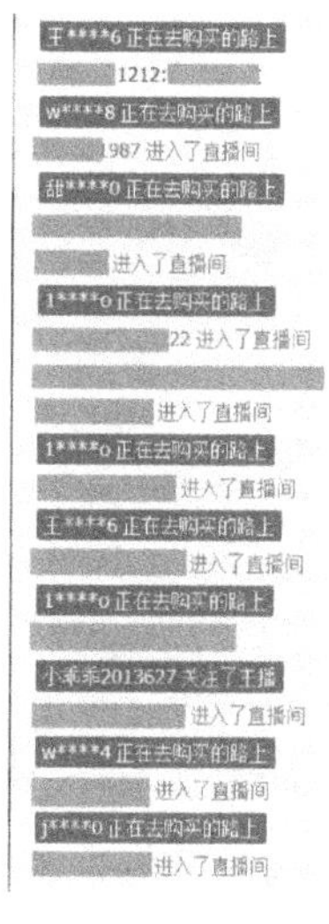

▲图 2 瞬间成交的淘宝商铺接口

见识了上面两张图中直播在电商领域的巨大效力，你有没有一种也想加入直播主播和直播营销者行列的愿望呢？有一个充满信心的营销目标，再加上深入浅出、简明扼要的技巧把握，直播营销与运营的美好未来近在咫尺。

本书就是一本旨在帮助读者在直播营销与运营的道路上走得更好、更顺、更远的有力工具。书中从时代大势和已获得成功的直播模式入手，具体介绍了以下两方面与直播营销、运营过程相关的内容。

一是直播行业的三大主体——经纪公司、直播主播和直播平台。本书从直播的基础要素出发，具体讲述直播营销与运营应该实现三赢，细化如下。

- 10 种技巧运作经纪公司，再现高效运营。
- 11 种模式打造直播平台，找寻新的出路。
- 12 个层面培养直播主播，成就人物 IP。

二是直播营销与运营过程实战——直播的内容、差异化的爆款打造、宣传推广和盈利变现。本书由内到外具体讲述了直播营销与运营如何做好、做大和实现变现。

- 12 种方法策划直播内容，满足受众需求。
- 10 种爆款能力与特质，做好差异化运营。
- 11 种渠道宣传推广直播，实现全民直播。
- 8 个方法开展直播营销，轻松盈利变现。

最后，本书提醒读者：商机与风险并存，在学会和掌握直播营销与运营方法的同时，也要注意进行风险管控，做好规范化运营和营销。

做好网络直播营销与运营，需要“6 字方针”——“小技巧”“大效果”。本书在“小”与“大”的巨大反差下（如图 3 所示），帮助读者在直播大势下抓住时机，书写传奇。

小技巧	大效果
开启个性化直播模式	淘宝平台在线教育内容火爆网络
直播云服务专业场景	降低技术门槛，新手轻松完成对接
妥当的平台利益分配	平等条件下主播、经纪公司实现双赢
借势各领域热门IP	瞬间吸粉数十万，实现互惠互利
“理”“节”和“奇”	掌握3个核心，直播内容精彩纷呈
4 个“素人直播” 策略	良好理念，直播平台迅速登顶
多模块的内容延伸	满足不同受众需求，激发全民娱乐
推出平台VR直播专区	感受更逼真的沉浸感，提升受众体验
全过程结合产品主题	轻松做好营销准备，快速实现营销
展现产品带来的改变	真实感受效果，打动受众，激发购买力

▲图 3 直播营销与运营的“小技巧”和“大效果”举例

众所周知，只有亲身实践了才有发言权，直播营销与运营也是如此。因此，本书中提及的技巧和方法，意在为读者提供一些行动和运营的借鉴，而关于更深一层的感悟和理解，期待读者在后续阅读和运营中找到最佳答案。

由于作者知识水平有限，书中难免有错误和疏漏之处，恳请广大读者批评、指正。

联系邮箱：itsir@qq.com

作者

目录 Contents

第 1 章 顺应变化：懂营销者借大势

第 2 章 活学现用：博采众长，自成一家

第 3 章 经纪公司：高效运营，实现三赢

第 4 章 直播平台：新模式才有新出路

第 6 章 内容为王：解决需求才是真营销

第 7 章 打造爆款：差异化运营才能突围

第 8 章 百家齐推：个人直播变全民直播

第 9 章 营销目的：盈利变现是关键

第 10 章 风险管控：小心驶得万年船

第1章

顺应变化：懂营销者借大势

学前提示 >>>

世间万物时刻都在变化，要想获得更好的发展，就必须很好地适应社会的发展变化。因此，在视频直播火爆的环境下，平台运营和营销人员应该掌握这一大势下的变化，并很好地与之接轨。

要点展示 >>>

◆ 营销格局：颠覆传统营销模式
◆ 技术支撑：VR带来营销场景革命
◆ 广告发展：易直播推动联动营销的发展
◆ 内容传播：决定真实性和稀缺性
◆ 营销转化：更加顺畅的变现
◆ 适用性：直播成营销平台新标配
◆ 新趋势："娱乐+直播"营销方式
◆ 行业领军人物：带动营销平台新发展

001 营销格局：**颠覆传统营销模式**

在互联网和移动互联网时代，营销模式发生了日新月异的变化，具体表现如下：

- ◆ 从平台方面来看，社交平台上产生了微博营销、微信营销等多种模式。
- ◆ 从推广方式来看，产生了文字、图片和视频、音频等多种方式组合的模式。

而随着信息技术和环境的进一步发展，一种新的模式出现了，那就是“移动直播”。在移动直播的影响下，人们的社交方式发生了改变，更重要的是，随着“直播 +”这一形式影响的加深，企业的营销方式也随之实现了创新，具体表现如图 1-1 所示。

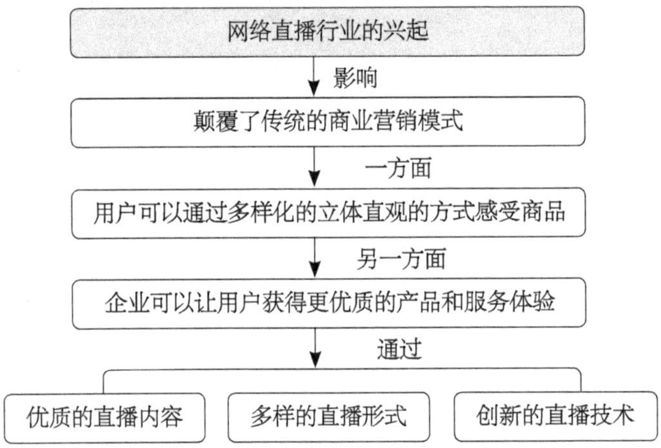

▲图 1-1 网络直播行业的兴起对营销模式的影响

如有着“投资界直播第一人”之称的丰厚资本创始合伙人杨守彬，与花椒直播平台合作，在《大佬微直播》这一直播节目中与受众火热互动，创造了 521 万人次的观看佳绩，不仅为直播平台带来了巨大流量，更提升了其自身及企业良好的形象，形成营销口碑。

在网络直播火爆的发展大势下，直播格局发生了巨大的变化，形成了直播与视频平台相融合的新格局。在这种格局的影响下，网络直播改变了众多以往的营销模式，并通过这一新的营销模式创造了有着巨大效益的营销效果。图 1-2 所示为网络直播给营销模式带来的改变。

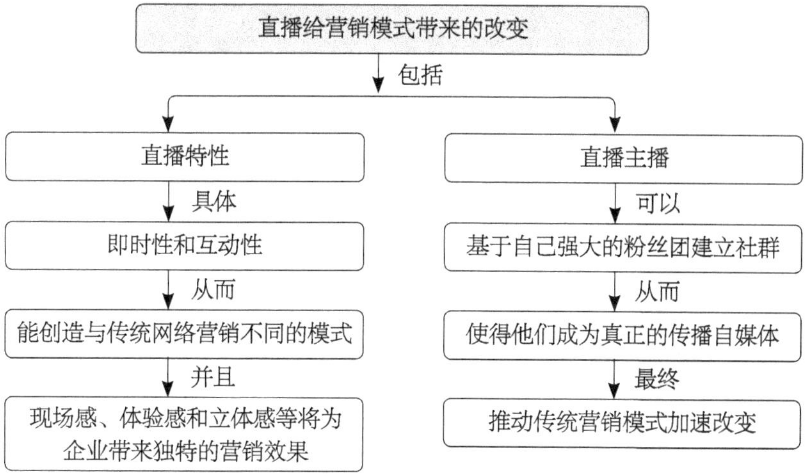

▲图 1-2 直播给营销模式带来的改变

002 技术支撑：**VR 带来营销场景革命**

VR 的全称为 Virtual Reality，即虚拟现实。实际上，这种技术就是计算机仿真系统，利用它能创建一种模拟的仿真环境，并能让用户通过一定的设备或端口产生临场参与感。

可见，这一结果与直播的现场感有一定的相似性。对于直播而言，无论其应用在营销的哪个领域，它都是基于两方面来提升成功概率的，具体如图 1-3 所示。

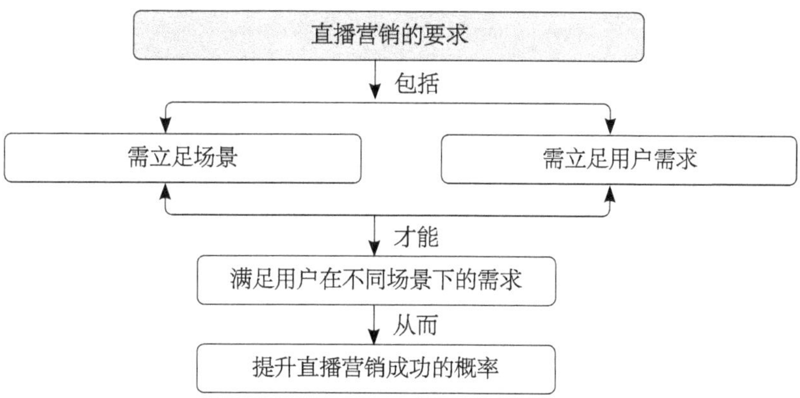

▲图 1-3 提升直播营销成功概率的要求

从这一方面来看，VR 虚拟现实技术完全满足了如图 1-3 中的要求，能够为用户提供兼具沉浸感和互动性的虚拟营销环境。把 VR 植入网络直播营销中，使直播领域发生了颠覆性的变革，让“用户从观看者变成了参与者”。

在这种模式下，营销的场景发生了巨大的变化，用户、移动互联网和平台这三者通过 VR 紧紧地联系在了一起，从而出现了如下所述的画面感和现场感。

◆ **画面感：**用户进入直播页面并进行互动，在这一过程中，VR 是实现这一画面的技术支撑。

◆ **现场感：**用户基于自身的不同需求，身临其境地和平台主播进行形式多样的互动。

其实，目前 VR 这种带来营销场景革命的技术借助直播，已经在各社交平台上得到了应用，如淘宝卖家就利用 VR 直播来进行营销。

在淘宝平台上，卖家通过 VR 直播来展示商品和服务，从而让受众更加具象地感受其商品，增加直观的商品认知。有助于有效提升营销的成交率。

在直播领域中，VR 技术的引入更是有助于改变行业现状。具体改变主要表现在 3 个方面，如图 1-4 所示。

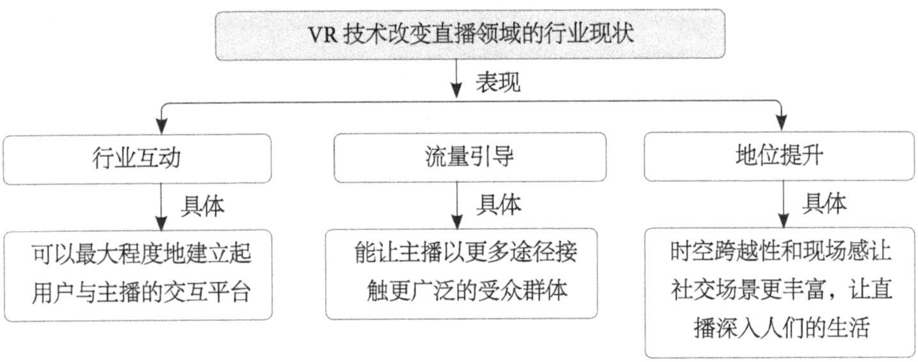

▲图 1-4 VR 技术改变直播领域的行业现状的表现

003 广告发展：**易直播推动联动营销的发展**

在移动直播火爆发展的形势下，营销行业发生了巨大的变化，特别是在实现营销的推广和宣传方面，其广告的方式和作用都有了很大发展，下面以易直播为例进行介绍。

1. 方式：广告内容和观看模式多样化

广告方式的发展最主要的是把要推广的信息作为直播主题进行宣传。唯品会就曾在这一平台上进行过直播宣传，如图 1-5 所示。

▲图 1-5 唯品会在易直播上进行的直播宣传

直播平台实现营销转化广告的方式也是多种多样的，如 2016 年唯品会代言人发布会的全景直播，就是在直播中通过问答的方式来实现的，如图 1-6 所示。

▲图 1-6 唯品会主播在直播中的问答推广

从内容上来看，直播中的推广方式还有很多，如产品的直接展示就是其中很重要的一种。

而从直播观看的形式来看，也有着巨大的变化和发展。上面提及的 VR 技术就是其中之一。在易直播平台上，利用其 VR 功能为直播行业打造了一个新的标杆。图 1-7 所示为易直播的 VR 功能。

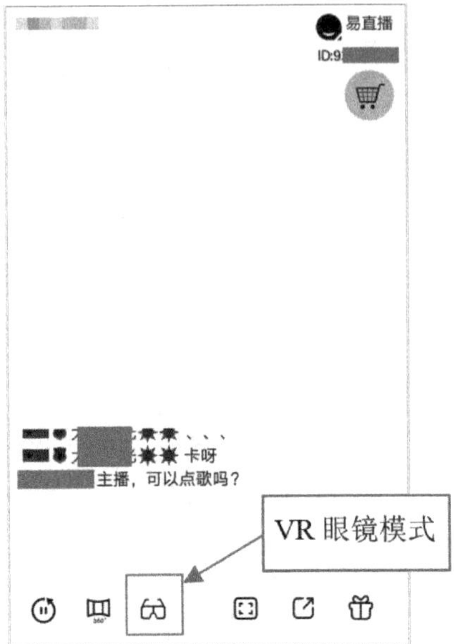

▲图 1-7 易直播平台的 VR 直播功能

应用图 1-7 中的功能，用户只要开启 VR 眼镜模式，再将手机放入眼镜里，即可观看到所关注的产品或品牌的全程直播了。

2. 作用：连接和合作的营销联动实现

在直播平台的广告方式多样化发展的情况下，直播所产生的宣传作用也有了发展，再辅以直播本身更具现场感和真实的宣传特性，其宣传可以说是如虎添翼，所产生的作用也就不言而喻了。

一方面，在直播平台上的营销，具有以下两个方面的优势。

- ◆ 直观地呈现产品、品牌的用户关注数据；
- ◆ 直接与电商平台连接，将关注转化为购买。

因此，在直播平台上，这种实现转化的形式是促进营销实现的一个重要体现，同时也说明了广告形式发展对推动营销实现的巨大作用。

另一方面，通过直播平台的宣传，还可以引发各种话题的讨论，进而引导用户转化为直播受众，为品牌获取巨大的关注量。

如 2016 年的唯品会代言人发布会就以“360 度直播‘捉精凌’”这一话题，利用与周杰伦资讯网、小暖 yoDA、百度周杰伦吧和微博 KOL 等方面的合作联动，推动发布会向着高潮发展，极大地提升了其影响力和营销力，从而使营销的实现在各方面联动的情况下更快、更好地完成。图 1-8 所示为“360 度直播‘捉精凌’”话题的联动宣传。

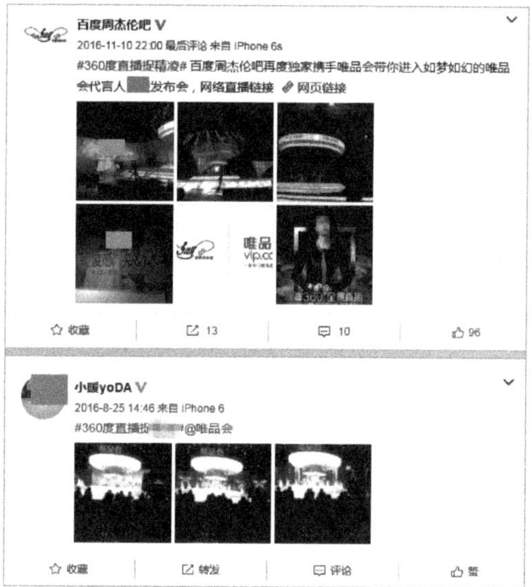

▲图 1-8 “360 度直播‘捉精凌’”宣传推广

004 内容传播：**决定真实性和稀缺性**

直播内容有两个明显特性，那就是时效性和互动性。

- 所谓“时效性”，即在直播过程中，主播与受众之间的所有活动和联系都是即时的，在时间上是同步和实时的。
- 所谓“互动性”，即直播的主体——主播和受众可以进行实时互动，其情形有如面谈，只是中间隔着终端屏幕而已。

两个特性决定了直播的内容传播具有其他内容形式所没有的优势。这主要表现在两个方面，具体如图 1-9 所示。

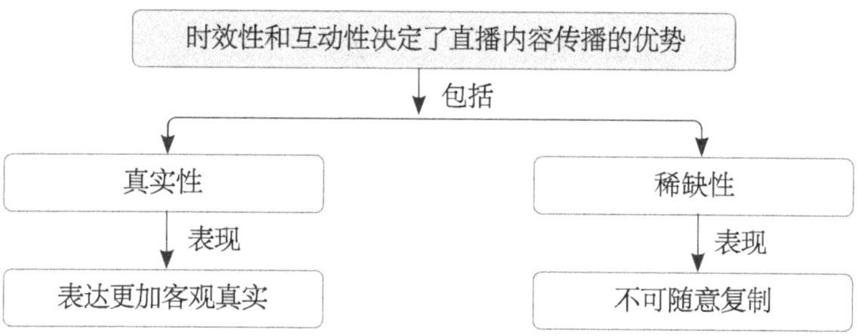

▲图 1-9 时效性和互动性决定直播内容传播的优势

针对图 1-9 所示的真实性和稀缺性优势，下面进行一一介绍。

1. 真实性

从传播的内容来看，直播具有与其他内容形式不同的显著优势，其中之一就是真实性。当然，这一内容特征取决于直播本身的时效性和互动性，具体如图 1-10 所示。

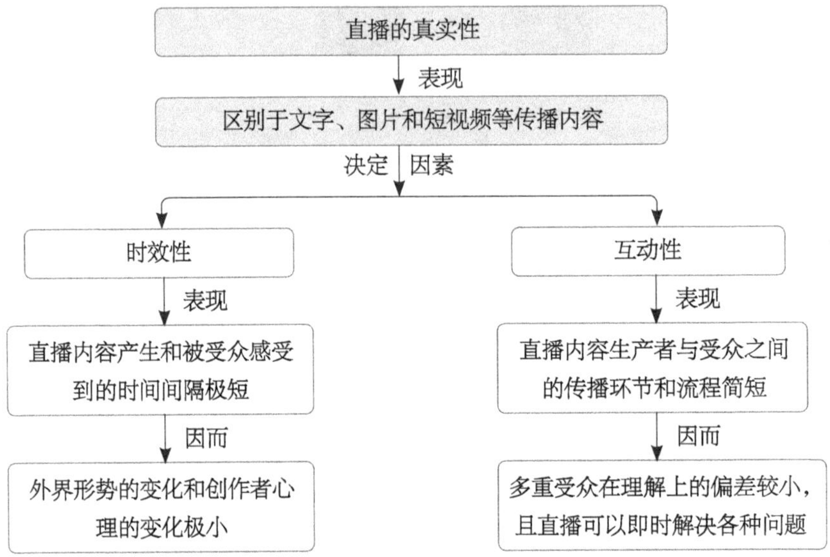

▲图 1-10 直播内容传播的真实性

2. 稀缺性

俗话说："物以稀为贵"。这是一个"放之四海而皆准"的适用法则。在内容传播中，除视频直播外的其他内容形式如文字、图片和短视频都可以轻易实现复制和粘贴，在具有一定技能的情况下还可以随意进行修改，这就使得相关内容不再具备稀缺性，而视频直播的稀缺性的具体表现如图 1-11 所示。

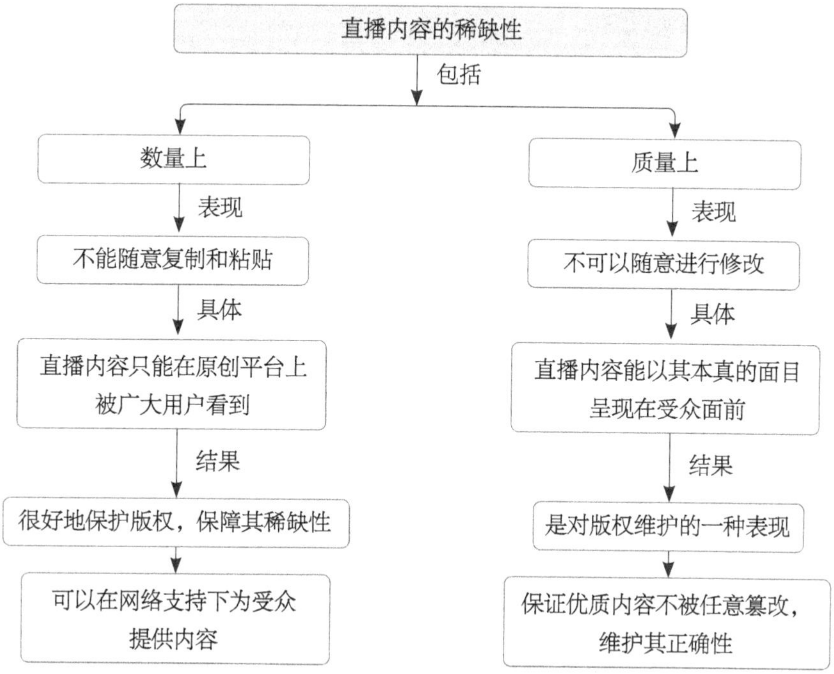

▲图 1-11 直播内容传播的稀缺性分析

对于直播内容来说，在数量和质量上使稀缺性得到了维护，再基于时效性和互动性的特性，能很好地维护也就不足为奇了。

005 营销转化：**更加顺畅的变现**

对于直播内容而言，不仅在真实性和稀缺性方面比传统内容更胜一筹，更重要的是，在其相关营销应用上，直播内容的变现能力也远远优于其他传统内容形式。优质的直播内容在变现方面的优势主要体现在 3 个方面，如图 1-12 所示。

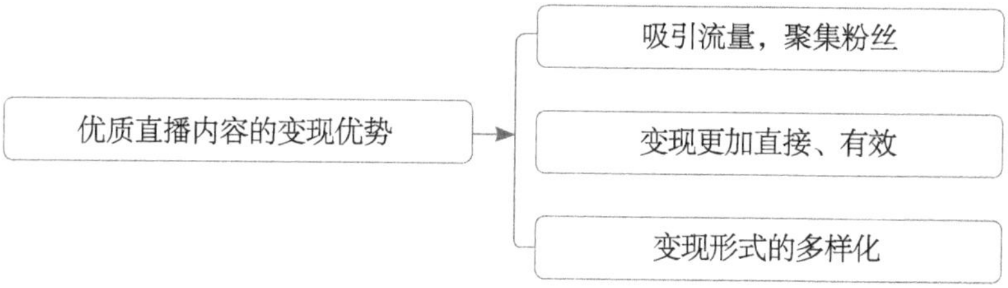

▲图 1-12 优质直播内容的变现优势

关于图 1-12 所示的 3 方面的变现优势，下面将进行具体介绍。

1. 吸引流量，聚集粉丝

一般来说，有优质内容的直播平台在吸引流量和聚集粉丝方面有着巨大的潜力和成效。当然，吸引流量其实是通过两个方面来实现的，一是平台，二是主播，而这二者之间在吸引流量方面是相互影响、相互促进的。

对平台而言，假如签约平台的主播是有着巨大粉丝群体的明星人物，其自身是携带着巨大流量的，当其进行直播时，其粉丝会主动关注平台直播，从而为平台带来巨大的流量。

对主播而言，一些大的直播平台也有众多用户，如千聊 Live 的用户数达到了 6 000 万，在这一巨大的用户基数下，进驻该平台的主播只要直播内容就有可能被 6 000 万用户中的某些用户看到。

例如，微信公众号“手机摄影构图大全”的创始人构图君（笔名：龙飞）接受微信公众号“好摄大叔”的邀请在千聊 Live 上进行直播讲课，就吸引了“千聊 Live”平台上的用户关注其自身的微信公众号，如图 1-13 所示。

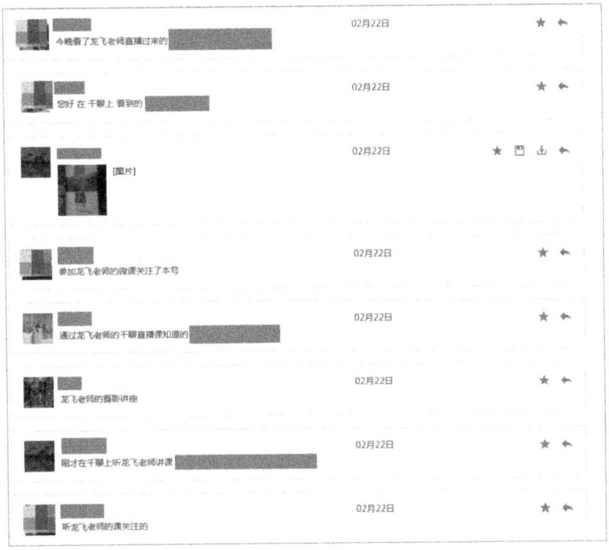

▲图 1-13 平台用户的流量引导

2. 变现更加直接、有效

在直播平台上，直播过程和内容本身就包含营销因素，是可以直接面向消费和成交转化的，因而其营销的实现也就更加直接和有效，其变现的顺畅实现也就有了条件。如图 1-14 所示，在直播平台上是可以直接进行商品购买的。

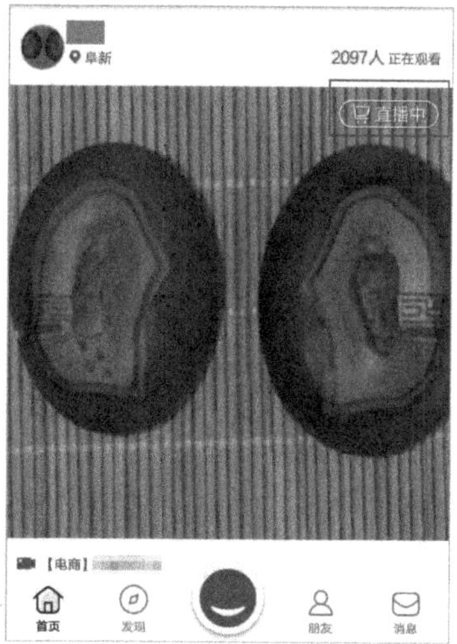

▲图 1-14 直播平台直接面向商品营销和成交的转化

3. 变现形式的多样化

直播的营销转化和顺畅的变现实现，除了上述两个方面的优势影响外，还涉及其变现形式的多样化。

在直播过程中，直播平台实现变现，既有着传统的打赏形式，还运用了线下的会员制。更重要的是，直接在直播过程中进行商品购买，更是推动着这一变现实现向着更顺畅的方向发展。再综合其他的变现形式，可以说营销转化借助直播这一大势，发生了巨大的变化。

006 适用性：**直播成营销平台新标配**

直播这种形式有着极大的适用性，随着它的逐渐发展，除了那些直播平台外，还出现了其他能植入直播这一形式的各种网站和 APP。下面将分别举例来加以说明。

例如，在大家关注较多的微信公众平台上，众多运营方都改变了原有的菜单设置，增加了与直播相关的菜单或子菜单，如图 1-15 所示。

▲图 1-15 微信公众平台上的直播菜单

又如，在财经类网站上，同样运用了直播这一内容形式。图 1-16 所示为大智慧这一证券投资服务品牌上的直播场景。

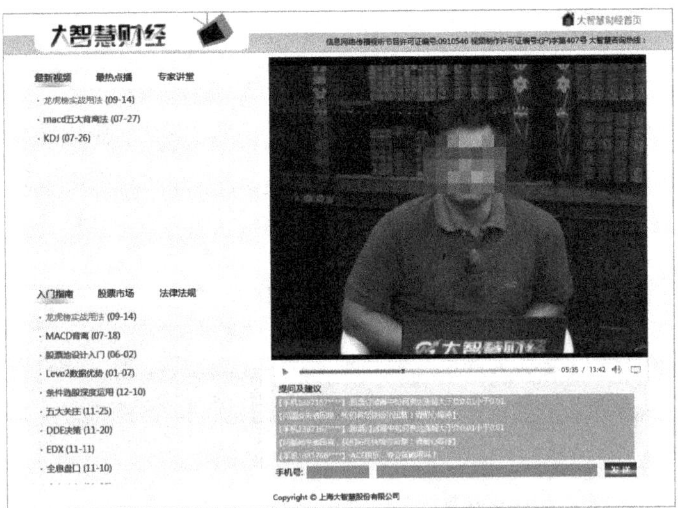

▲图 1-16 大智慧的直播内容

在电商平台上，直播更是成为营销的重要途径和方式。图 1-17 所示为聚美优品 APP 上的直播。

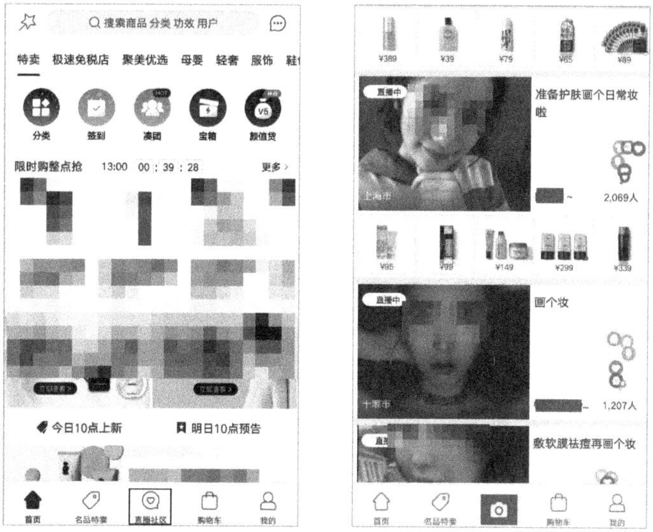

▲图 1-17 聚美优品 APP 上的直播

综上所述，直播这一具有普遍适用性的内容形式，几乎存在于任何品牌和垂直行业的应用上，已经成为网站和 APP 平台的标配。

007 新趋势：**“娱乐 + 直播”营销方式**

上面已经介绍了直播的有关内容，那么，直播究竟是什么呢？它代表着什么？其实，直播有着 3 个方面的含义，如图 1-18 所示。

直播的含义		
信息传播方式	实时交互的社交模式	“娱乐+直播”营销方式

▲图 1-18 直播的含义解读

在营销可见于各种平台的形势下，直播无论是作为信息传播方式而存在，还是作为实时交互的社交方式而存在，其最终目的大多是为了营销的实现。而加入了直播的营销，很明显地具有了娱乐化的特性。

人们之所以要做直播，是基于两个方面的因素，具体如下。

◆ 娱乐自己。

◆ 推广自己。

这是从个人方面来说的，而对于企业和品牌而言，其目的还是在于营销，只不过作为一种全新的营销形式，网络直播营销具有不同于以往的特性，具体如图1-19所示。

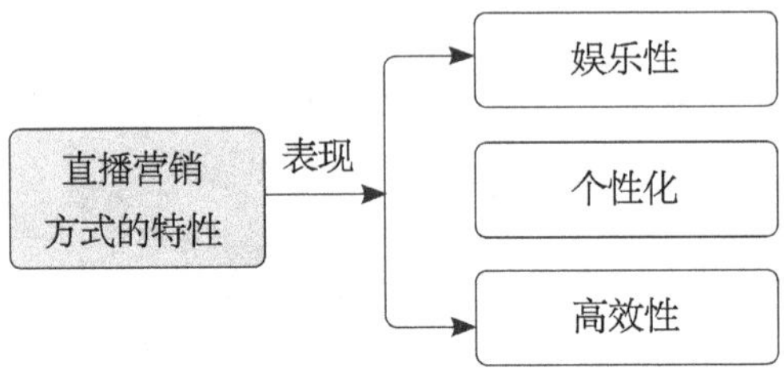

▲图1-19 直播营销方式的特性

当人们对娱乐消费从刚需转变为更多的软性需求时，企业也适应时代的发展，选择了直播这一高效的娱乐营销方式来满足受众的需求。如魅族科技就通过自身的直播节目和联合热门直播平台进行直播这两种途径，来进行营销推广。

在利用直播进行推广的过程中，魅族科技的直播内容并不是单一领域的，而是采用了一种跨越众多领域的娱乐直播模式，具体如图1-20所示。

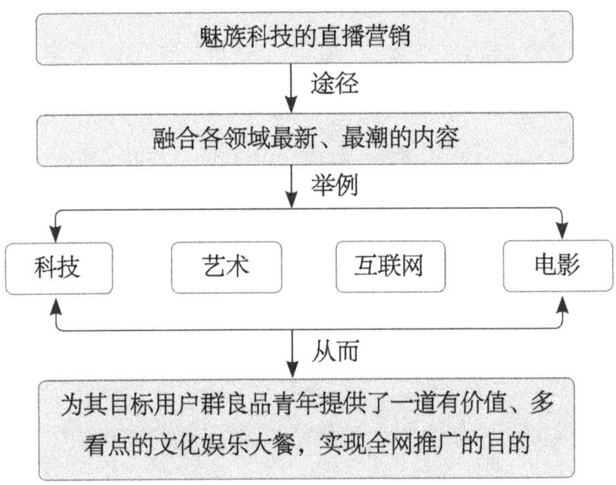

▲图1-20 魅族科技的直播营销解读

在宣传推广已经取得一定成效的情况下，魅族科技又开展了一系列娱乐营销直播，力图用"娱乐＋直播"的组合方式吸引大量用户关注。例如，邀请知名人士参与#良品青年相对论#话题，主要是针对当前的热门话题和事件进行与以往截然不同的娱乐营销直播，如图1-21所示。

事实证明，这种焕然一新的营销模式更容易被广大用户及消费者接受，其产生的经济效益也是不可估量的。

008 行业领军人物：**带动营销平台新发展**

▲图 1-21 娱乐营销直播

在直播平台越来越火的情况下，各行业领军人物也敏感地意识到了直播这一形式的重要意义，并依托自身企业所拥有的大平台来发展直播，而这也是直播获得更大发展所必需的。

当然，各行业领军人物在考虑利用直播传播信息时，不能简单地考虑做个APP就是完成了直播的跨领域合作，而要经过深思熟虑，考虑具体该怎么做的问题，如图 1-22 所示。

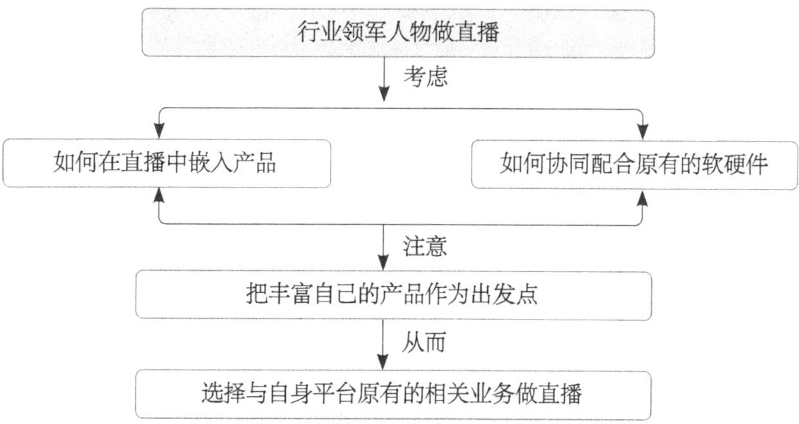

▲图 1-22 行业领军人物做直播应考虑的问题

从图 1-22 中可以看出，利用直播的娱乐性把相关的业务植入直播，于相应的大平台上进行视频直播发展，才是行业领军人物做直播选择的正确途径。在这一点上，我国的一些大平台就做得很出色，如图 1-23 所示。

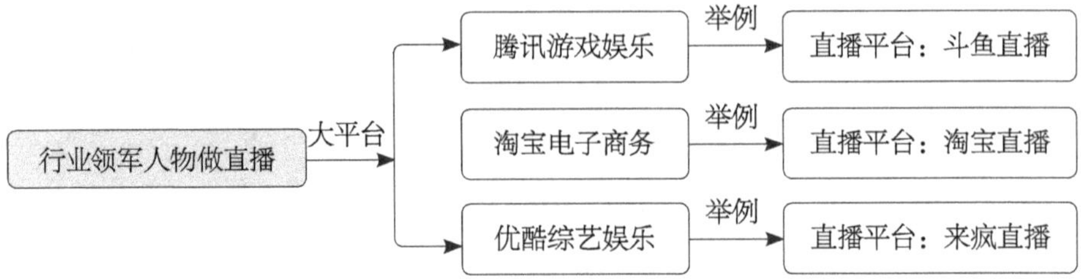

▲图 1-23 行业领军人物的直播平台发展

在图 1-23 所示的直播平台发展中，大平台都是选择合适的业务，发展合适的直播平台，并针对合适的定位目标，积极进行平台的运营和推广，最终反过来又促进了原有大平台系统的完善和发展。

如淘宝平台，其直播业务的主要目标是促进消费者购物，因而它以“消费类直播”为其定位目标，在直播过程中积极为营销服务，具体如下：

- ◆ 尽可能地寻找时机实时展示商品。
- ◆ 做到及时解答消费者的各种提问。

在这样的营销和服务环境下，消费者在平台上购买产品将会更加放心，也可以有力地改善电商领域营销的信任问题，为电商平台的发展创造新天地。

第2章

活学现用：博采众长，自成一家

学前提示 >>>

直播在发展过程中形成了多种模式。这些模式的出现都是建立在丰富的实践和创新应用基础之上的，它们是各行业和媒介与直播融合发展的表现。

本章从直播模式出发，具体介绍直播行业的发展、转型和广泛应用，以便读者能活学活用。

要点展示 >>>

- 从录播课模式到在线直播授课模式
- 酷学网：新平台弥补行业资源缺陷
- 双师直播课：构建精品教育模式
- 淘宝课程：个性化教学，全网营销
- “网红教师”：探索寓教于“乐”之道
- 转型：衍生泛娱乐发展模式
- ……

009 从录播课模式到在线直播授课模式

随着网络的发展，教育领域出现了传统的线下教学模式和在线教育模式。其中，在线教育模式的发展有一个逐渐成长的过程，最开始的在线教育采用的是录播课模式。图 2-1 所示为学生正在观看录播课。

▲图 2-1 学生在观看录播课

温馨提示

所谓的“录播课模式”，其实就是对上课过程进行录制再销售给读者，从而让读者可以随时观看的教育模式。这种教育模式的实现是有一定的操作方法和流程的，具体如图 2-2 所示。

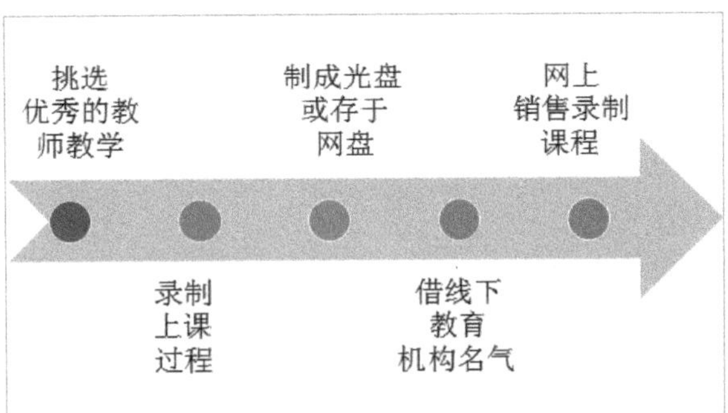

▲图 2-2 录播课模式的操作方法和流程

这一教育模式是对传统教育的创新和发展，一方面可以更好地帮助学生学习和补充线下教育的某些不足，利于巩固已学知识；另一方面，还使远程教育得以实现，打破了教育的空间界限。然而这种模式毕竟不是实时教育，互动性差，不能及时解决学生在观看过程中遇到的问题。

基于此，在线教育的另一种新型模式——在线直播授课开始出现。它很好地弥补了录播课模式的不足。图 2-3 所示为在线直播授课模式的优势和作用分析。

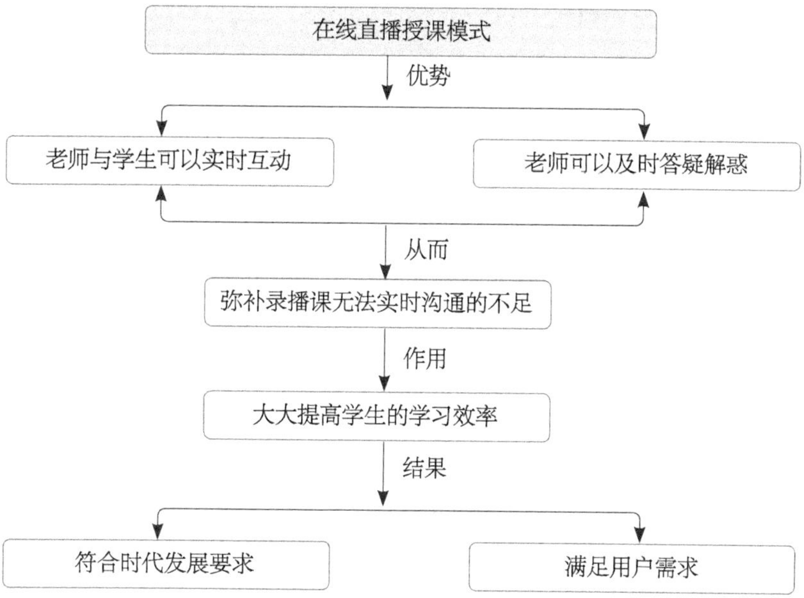

▲图 2-3 在线直播授课模式的优势和作用分析

从录播课模式到在线直播授课模式，新东方教育的在线教育探索历程是值得借鉴的，具体体现在以下方面：

- 加强对平台的建设，打造出优质平台。
- 规范对主播的管理，打造出积极内容。

基于上述两个方面发展在线教育，让新东方最终成了用户信赖的教育品牌并实现了稳定发展，获得了用户赞誉。图 2-4 所示为新东方在线教育的用户评论。

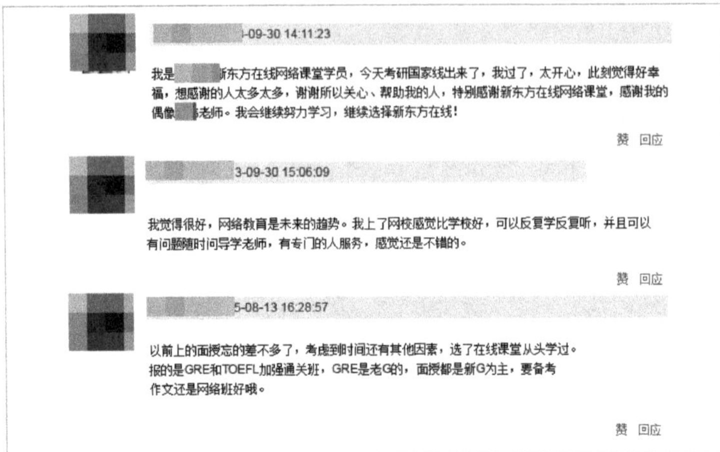

▲图 2-4 新东方在线教育的用户评论

010 酷学网：**新平台弥补行业资源缺陷**

一些线下教育机构在依托其现有资源开拓在线教育业务的同时，也注意从外部社会为其发展注入新的血液，为自身的发展寻求一个更好、更大的机会。在这一方面，新东方是应用这一策略的佼佼者。

当其在线教育取得了一定成效后，新东方又开始打造另一个直播的新天地，那就是综合各方面资源，实现在更广、更专业的范围内完成在线教育的直播实践平台——酷学网。

酷学网出现之前，在线直播授课模式还只是停留在有限范围内的教师资源的直播营销。随着酷学网的出现，新东方在线教育又登上了新的台阶，正在向对外有着无限领域的教师资源的网络视频直播平台模式发展。也就是说，酷学网的网络直播课平台的教师资源涉及了两个方面，如图 2-5 所示。

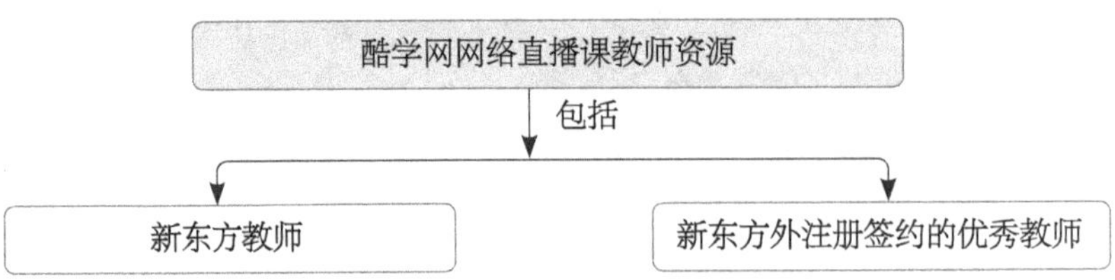

▲图 2-5 酷学网网络直播课的教师资源

当然，酷学网的这种改变是顺应了时代发展和社会营销趋势的，因而对平台的发展有着重要的作用和意义，具体内容如图 2-6 所示。

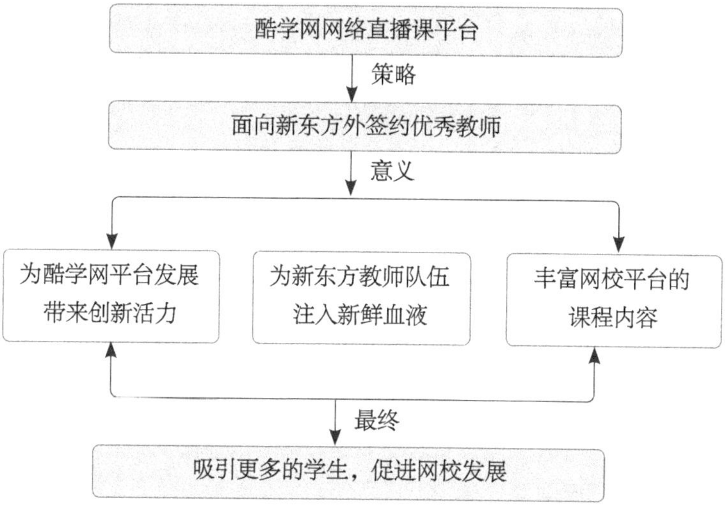

▲图 2-6 酷学网扩充教师队伍的作用和意义分析

除了通过签约新东方外的优秀教师来扩充教师队伍外，酷学网还特别注意通过两个方面来提升平台的品牌形象。

一是对平台外部形象的塑造——设计出吸睛的网页，让受众被别具特色的网页吸引，真切感受其文化、教育氛围等，如图 2-7 所示。

（1）

（2）

▲图 2-7 酷学网网页设计

二是在酷学网平台上，其产品功能中的“视频回放功能”的实现更有利于学生的学习，具体表现如下：

◆ 对不能即时理解的学生来说，这一功能满足了其重复学习的要求。

◆ 对不能及时学习的学生来说，这一功能满足了其随时学习的要求。

更重要的是，随着酷学网的出现和发展，推动了在线直播课发展的大潮，为我国教育的发展做出了一定的贡献，如图 2-8 所示。

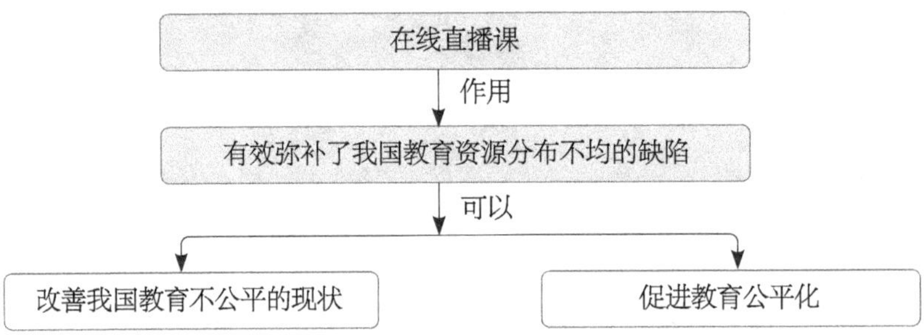

▲图 2-8 以酷学网为代表的在线直播课对教育发展的意义

011 双师直播课：**构建精品教育模式**

在视频直播行业爆发的时代，教育直播抓住信息连接技术发展和行业发展的机遇，积极进行了模式的探索，为其实现发展目标而努力，具体分析如图 2-9 所示。

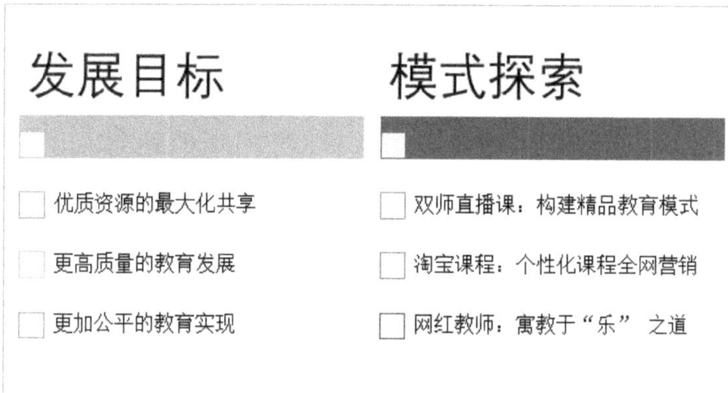

▲图 2-9 教育直播行业的发展和探索

在此将具体介绍以提供精良的标准化课程而著称的教育直播模式——双师直播。

所谓的“双师直播课”，是在传统的“双师课堂”基础上发展而来的。图 2-10 所示为“双师课堂”教学。

▲图 2-10 “双师课堂”教学

在“双师课堂”上，由主讲老师进行直播教学，线下再通过电视或投影设备让学生听讲，并由另一位老师负责现场辅导，由此让学习过程更高效，如图 2-11 所示。

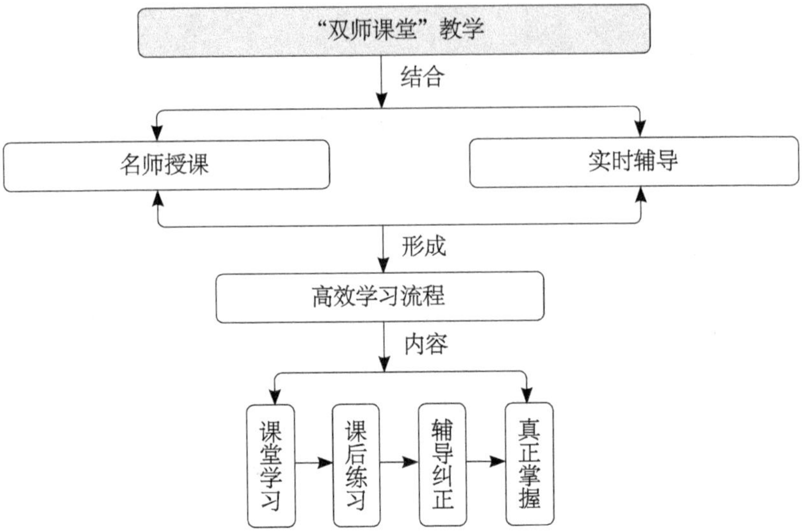

▲图 2-11 “双师课堂”教学形成的高效学习模式

而随着视频直播技术的发展，依托这一传播技术，“双师课堂”逐渐完成了向“双师直播课”的演变。

温馨提示

在“双师直播课”情境下，学生通过视频直播可以与老师进行实时互动，这一功能的实现是基于视频直播技术发展成熟的由教师端和学生端组成的教学系统来完成的，具体如下：

- 教师端：依靠现场布置的音视频直播设备实时传输教师教学过程。
- 学生端：接收直播视频信号，并通过答题器、麦克风等与老师互动。

在直播逐渐占据在线教育主流的情况下，“双师直播课”成为众多知名线下教育机构发展线上教育的策略支撑。

例如，新东方开始大量布局“双师直播课”，重点促进中型城市在线教育行业的发展，致力于把其所拥有的最优质的内容进一步分享到更多城市中，完成其向三四线城市布局的尝试。

又如，知名的教育科技企业“好未来”就在其网校创立初期的录播模式上发展了其独特的“双师直播课”模式，如图 2-12 所示。

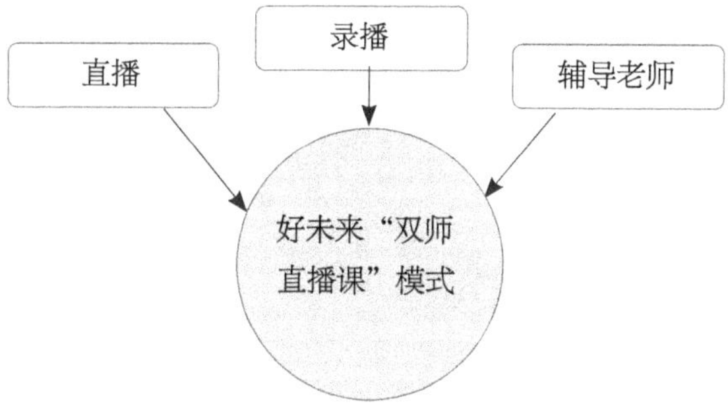

▲图 2-12 好未来“双师直播课”模式

012 淘宝课程：**个性化教学，全网营销**

随着社会和经济的发展，对人的关注、人的个性释放以及人的个性需求被推到了一个前所未有的高度，营销界的个性化目标也越来越得到认同。而教育作为社会行业的组成部分，其营销实现也开启了新时代的个性化之旅。

视频直播教育行业的发展，个性化特征最鲜明的教育直播探索模式要数“淘宝”课程模式。

在“淘宝”课程模式中，淘宝教育直播平台发展个性化和独具特色的直播业务，很好地发挥了支撑平台这一角色的作用，具体分析如图 2-13 所示。

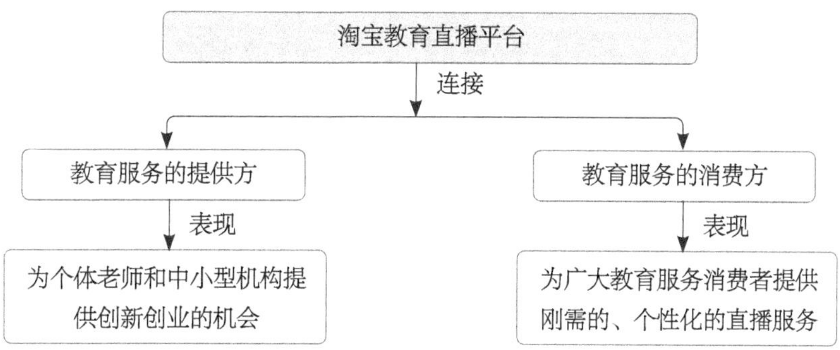

▲图 2-13 淘宝教育直播平台分析

对教育服务提供方而言，从营销的角度出发，淘宝教育依靠其平台本身的强大导流功能，精准抓住广大受众需求，并在全网营销方式的支撑下，推动淘宝直播的在线教育课程火爆网络。

淘宝教育直播平台抓住“考研”这一关键词和“考研大纲发布”的关键节点，推出张 ×× 老师的考研在线课程，创下了观看人数高达 4 万的好成绩。

另外，淘宝教育平台为了进一步发展其视频直播的在线教育业务，在技术领域也实现了突破——推出了一款名为 TBlive 的免费直播工具，如图 2-14 所示。

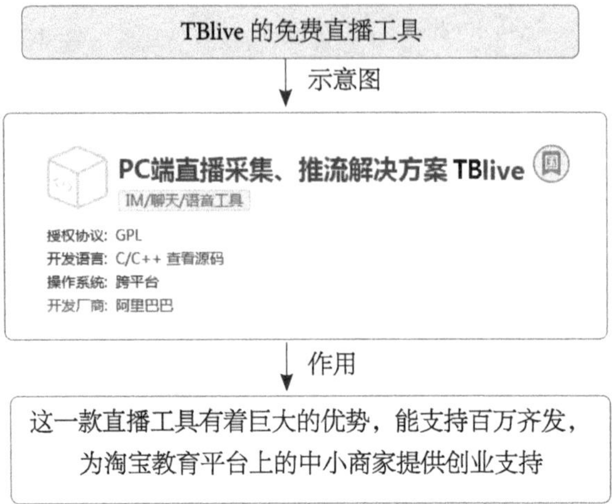

▲图 2-14 TBlive 的免费直播工具

“淘宝”课程模式并不仅仅局限于淘宝教育平台上的在线课程，它还包括与之类似的其他教育直播平台上的在线课程，如“老师好”平台，它通过 C2C 的模式发布教学直播产品，并采取优胜劣汰的系统营销模式，为广大受众提供良好的课程内容，而在这一课程内容的包装和营销方面也有着很大的个性化特征。

从个性化的角度而言，更明显的要数那些综合性直播平台上的教育直播版块，如斗鱼的“鱼教鱼乐”，就注重在促进平台内容多元化的同时发展个性化教学方式，以此增强用户黏性。

013 “网红教师”：**探索寓教于“乐”之道**

在视频直播行业快速发展的过程中，基于社会需求和发展而积极探索的 3 类模式中，已经对其中的“双师直播课”模式和“淘宝”课程模式分别作了详细介绍，接下来将具体介绍“网红教师”模式。

与前两者更注重优质内容的分享和营销推广不同，“网红教师”模式则着重于通过“娱乐化”的呈现方式来更好地发展教育直播业务。这也是它与前两种模式的最大不同。

在教育发展的历史长河中，“寓教于乐”这一教育理念很早就在亚里士多德所著的《诗学》中有所体现，后来，在贺拉斯所著的《诗艺》中也明确提出。如今，这一理念已经被广泛应用于各教育领域和场景中。图 2-15 所示为安全教育的寓教于乐场景图。

▲图 2-15 安全教育的寓教于乐场景图展示

而在视频直播行业中，轻松活泼的娱乐化氛围正是受众所喜爱的，而教育直播想要获得更快、更好的发展，就有必要利用寓教于乐的特征来支撑它走得更远。在此，寓教于乐中的“乐”更多地体现了其娱乐化的发展趋势，其目的就在于打造“网红教师”。

在“网红教师”的教育模式探索中，始终走在前列的新东方又针对这一趋势推出了大型互联网教育直播秀活动——“99 网络学习节”。

在打破了教师的传统严肃形象转而以轻松活泼的教师形象站在学生面前的环境下，“99 网络学习节”这一互联网教育直播秀活动利用各平台、各领域的“网红教师”的集体亮相，让各明星老师有效地提升了其形象。它同时也是一次网络教育直播的盛会，创造了惊人的业绩，如图 2-16 所示。

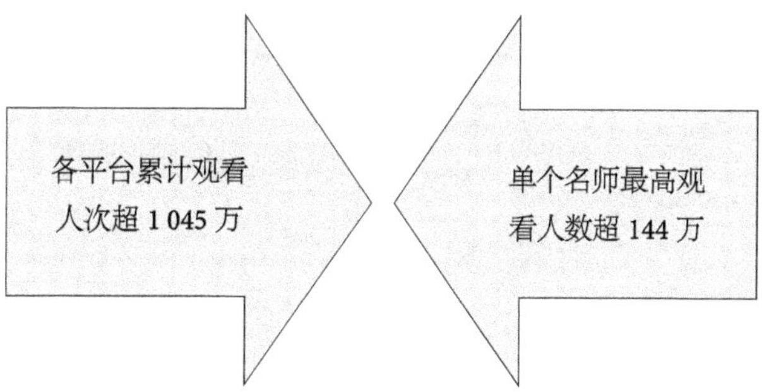

▲图 2-16 “99 网络学习节”教育直播秀活动创造的惊人业绩

那么，如何打造“网红教师”呢？在这一方面，上海享学网络科技有限公司旗下的中小学教育 O2O 信息服务平台“疯狂老师”就发展得比较成功，通过引入娱乐化的运营和营销模式，把具有超高颜值和独特讲课能力的明星老师进行娱乐化场景的包装，并在这一情境中向学生线上展示演播室课程直播。

当然，在“网络教师”打造过程中，不能忘却社交生态系统的构建，这方面有着极大影响和重要意义，具体分析如图2-17所示。

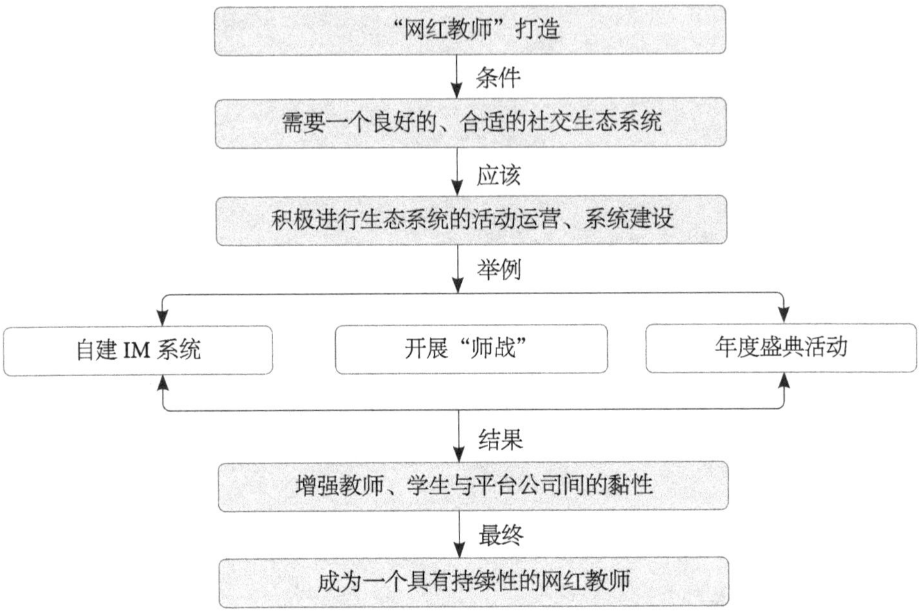

▲图2-17 “网红教师”打造分析

014 转型：**衍生泛娱乐发展模式**

在上一节中提及了视频直播行业的娱乐化发展趋势。其实，这一趋势并不仅仅表现在教育领域，它已经涉及了众多行业，形成了一个百家争鸣的泛娱乐产业链，如图2-18所示。

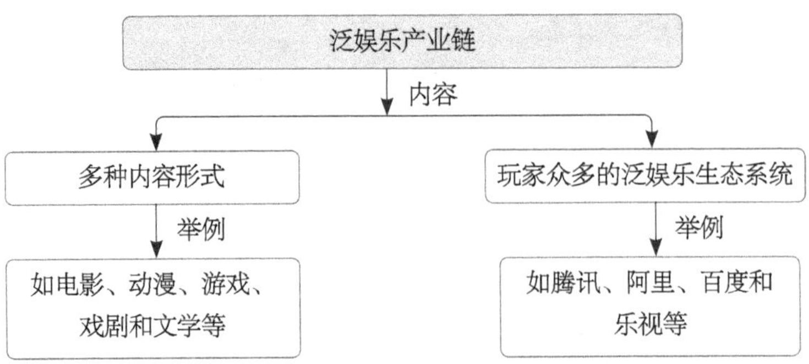

▲图2-18 泛娱乐产业链

其实，视频直播行业的娱乐化发展趋势只是泛娱乐发展模式的一个缩影，它是各行各业、多种形式下的泛娱乐发展模式在一个领域的表现。当然，泛娱乐发展模式的所有特征和发展过程也在视频直播行业得到了印证。

下面将从更大范围来解读泛娱乐发展模式，以帮助读者进一步了解这一模式的发展，从而深入认识视频直播行业的衍生泛娱乐发展模式的转型趋势。

泛娱乐发展模式是有一个逐渐递进的发展过程的，一般说来，主要分成 3 步，具体如图 2-19 所示。

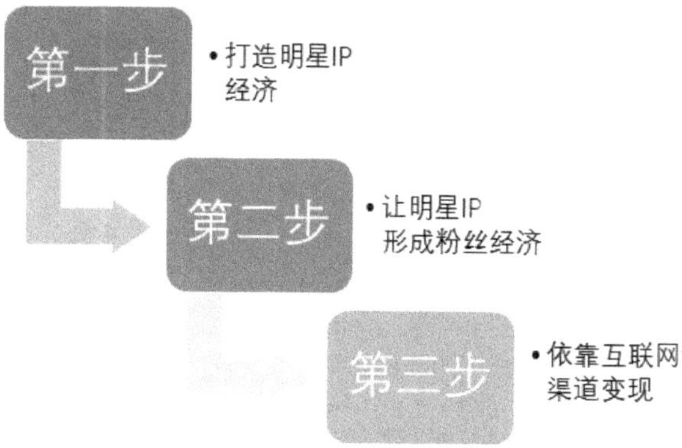

▲图 2-19 泛娱乐发展模式的发展阶段

泛娱乐发展逐渐构建起多领域、多行业的泛娱乐生态系统，如阿里巴巴就完成了从电子商务领域切入的泛娱乐生态系统布局，其内容举例介绍如图 2-20 所示。

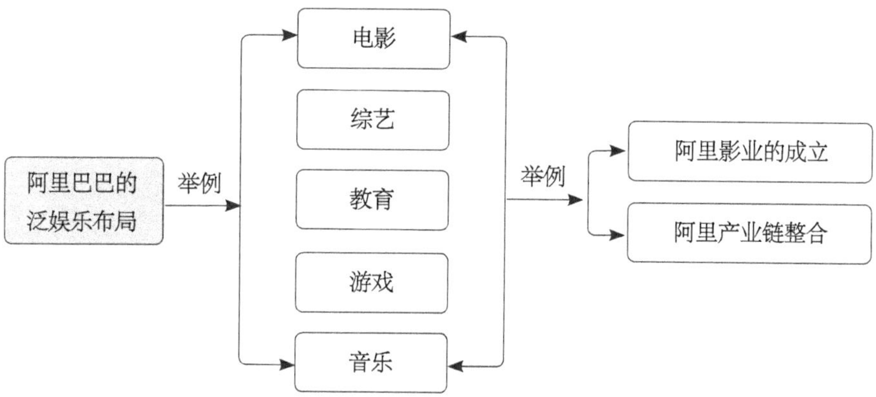

▲图 2-20 阿里巴巴的泛娱乐布局

在此种情况下，视频直播行业的发展也开始向泛娱乐发展模式转型，具体表现如下：

◆ 直播行业涉及的内容更为广泛。

- 直播产业进入门槛将降低。
- 直播泛娱乐覆盖人群更深更广。
- 直播受众需求将会趋于个性化。

而随着直播行业转型的深化，它将向着更有利、更符合社会环境的方向发展，具体表现在两个方面，如图 2-21 所示。

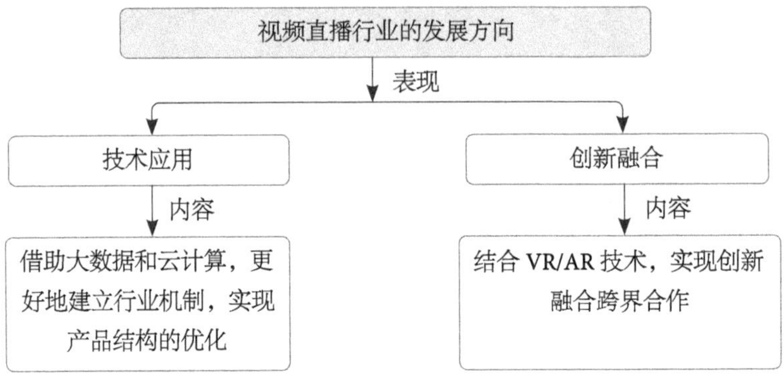

▲图 2-21 视频直播行业的转型发展方向

015 明星 IP：**构成泛娱乐产业的核心**

打造明星 IP 是向泛娱乐发展模式转型的第一步，同时，IP 这一概念也随着泛娱乐概念的深入而被更多用户所理解和接受，其重要性也已经被众多企业所认识。

在移动互联网背景下，IP 与泛娱乐的关系是目标与条件的关系，它们是直接联系着的，具体如图 2-22 所示。

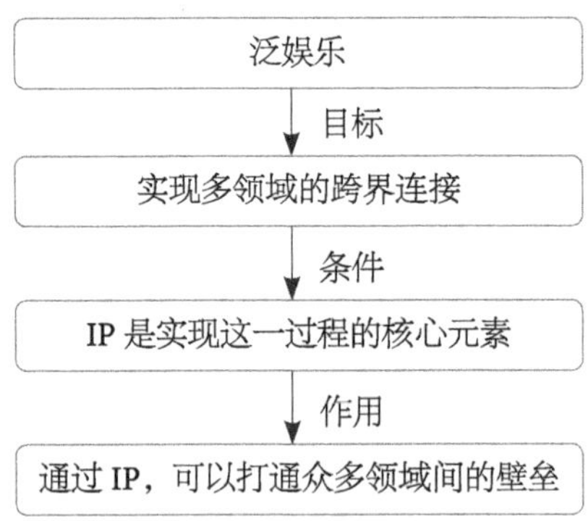

▲图 2-22 IP 与泛娱乐的关系

一般来说，大多事物都可以成为一个 IP，而在 IP 的支撑下，以其为核心的涵盖众多互动娱乐的内容也呈现出了快速增长的趋势。在这一时代环境下，明星 IP 的作用突显出来，它逐渐担当起连接一切的泛娱乐终极目标的媒介，成为核心中的核心。在整个泛娱乐布局过程中，明星 IP 的作用就是把各事物与粉丝情感相连接，具体实现过程如图 2-23 所示。

▲图 2-23 明星 IP 连接事物与粉丝情感的过程

在泛娱乐战略布局下，各种互动娱乐内容基于移动互联网的发展，实现了内容生产者与粉丝之间不间断的实时互动。它们不再是被分割的个体，发展也不再是孤立的，相应的内容产品之间形成了紧密的联系，并向融合的方向发展。

在此情形下，各种文化产品的融合就是一个绝佳的构建明星 IP 的机会。它们在融合的情况下为打造明星 IP、构建知识产权新生态提供了可能，并推动着泛娱乐战略布局不断前进。

016 “直播 + 游戏”：**带来产业升值新希望**

在泛娱乐战略布局中，游戏是这一战略所涉及的文化内容的重要组成部分。图 2-24 所示是泛娱乐战略涉及的文化产品内容。

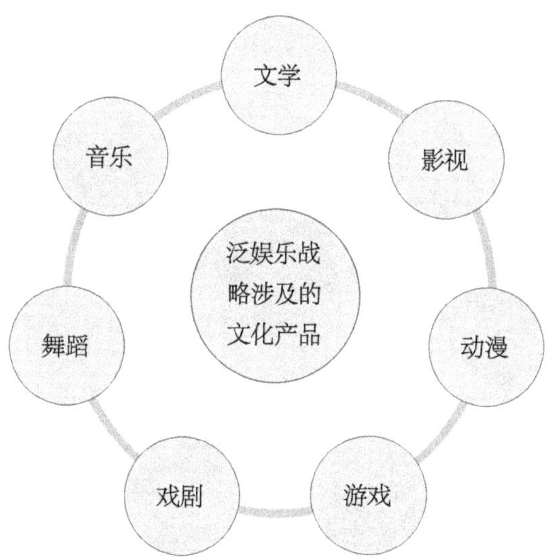

▲图 2-24 泛娱乐战略涉及的文化产品内容

在泛娱乐战略布局中，游戏已经不仅仅是游戏，不能再以简单消遣品来定义它。此时的游戏已经是具有多种含义的一个文化存在，它带给人们的惊喜也包含了多个方面的内容，具体分析如下。

- 带给人们更好的娱乐消遣。
- 带给人们巨大的经济收益。
- 带给人们一种全新的文化形态。
- 带给人们未来发展的无限可能。

而在泛娱乐战略中，游戏与其他文化产品的融合更多地以视频直播的形式表现出来，由此产生了“游戏＋直播”产生形态。综合上述说法，“游戏＋直播”这一新的产业形态让人们看到了客观的经济效益和未来的发展潜力，形成了众多投资者和产业大佬眼中的产业发展新希望，是能促进产业升值的新星。图2-25所示为2015年隶属于泛娱乐产业链条下的“游戏＋直播”所带来的产业升值表现。

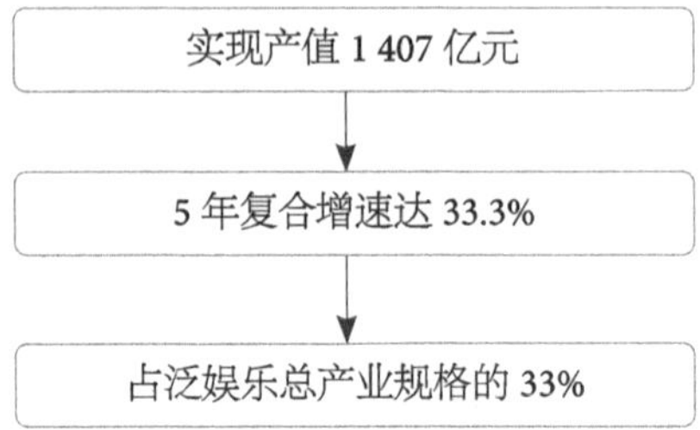

▲图2-25 2015年“游戏＋直播”所带来的产业升值表现

017 《爸爸去哪儿》：实现高转化收益

《爸爸去哪儿》是湖南卫视制作的一档户外亲子真人秀节目，刚一播出就获得了巨大反响。图2-26所示为《爸爸去哪儿》展示图。

▲图2-26 《爸爸去哪儿》展示图

在《爸爸去哪儿》第一季获得众多好评而创下当季收视率纪录时，湖南卫视利用这一亲子真人秀节目的余热竭力发掘其营销和创收的潜能，相继推出了《爸爸去哪儿》大电影和《爸爸去哪儿》小游戏等，如图2-27所示。

（1）大电影宣传

（2）小游戏界面

▲图 2-27 《爸爸去哪儿》衍生品

《爸爸去哪儿》的衍生品创下了巨大的营销收益，实现了高效率的收益转化，特别是《爸爸去哪儿》大电影，它打破了 2D 电影日票房纪录，创下了 9 167 万元的日票房，最终取得了 7 亿元票房的好成绩，堪称“史上投资回报最高的电影”。图 2-28 所示为《爸爸去哪儿》大电影所创的多项新纪录举例。

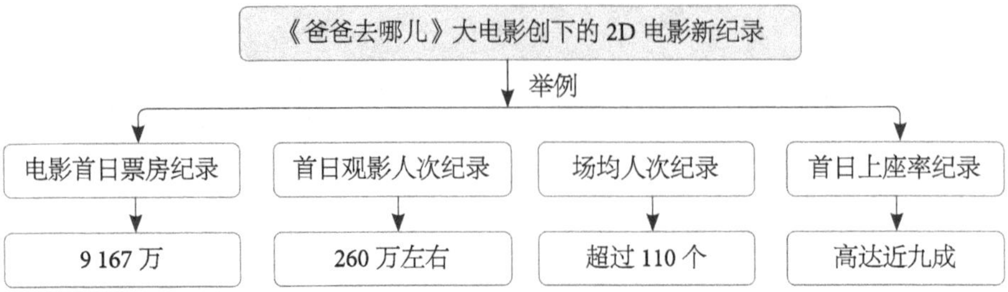

▲图 2-28 《爸爸去哪儿》大电影创下的 2D 电影新纪录

018 “直播 + 主题公园”：**推动直播升级**

斗鱼 TV 作为我国直播分享网站中的一员，采取的是弹幕式的直播分享方式。在其平台发展过程中，基于泛娱乐的行业发展大势，斗鱼 TV 在坚持游戏直播这一核心内容的情况下，也开始了与其他多种直播内容的融合，如斗鱼嘉年华 2017 就是一场囊括了多个亮点和融合了多个领域的泛娱乐狂欢活动。

更特别的是，这次狂欢活动的主打模式为“直播 + 主题公园”，并通过这一模式来呈现斗鱼的活动目标，让观众在充分感受“直播 + 主题公园”内的斗鱼气息的同时，体会泛娱乐化的直播内容。

在这次“直播 + 主题公园”模式中，各种直播内容异彩纷呈，既有极具吸引力的鲨鱼矩阵，排布着表情、神态各异的鲨鱼。又有添加了前沿科技元素的 AR/VR 体验区以及好莱坞影视娱乐、游戏、体育等跨界人偶矩阵。这些都可在斗鱼嘉年华 2017 上找到。图 2-29 所示为斗鱼嘉年华 2017 中表情各异的鲨鱼矩阵。

▲图 2-29 斗鱼嘉年华 2017 鲨鱼矩阵

斗鱼嘉年华 2017 的"直播 + 主题公园"模式集结了八大亮点，并通过 3 天的狂欢活动将各直播内容以融合的形式表现出来，以实现其直播升级目标，具体分析如图 2-30 所示。

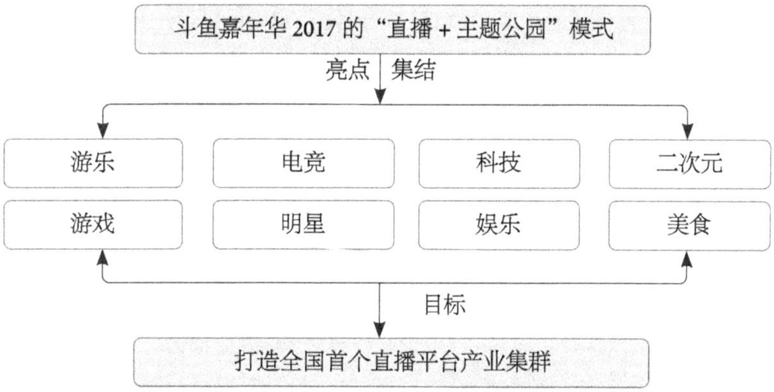

▲图 2-30 斗鱼嘉年华 2017"直播 + 主题公园"模式介绍

斗鱼此次主打的"直播 + 主题公园"模式的"直播 +"战略，相对于以往的直播而言，有着更多的直播升级表现，特别是在内容上。可以说，此次活动以跨界融合的内容推动了其直播升级，而其直播升级反过来又决定了此次活动的成功实现。图 2-31 所示为斗鱼嘉年华 2017 的成果分析。

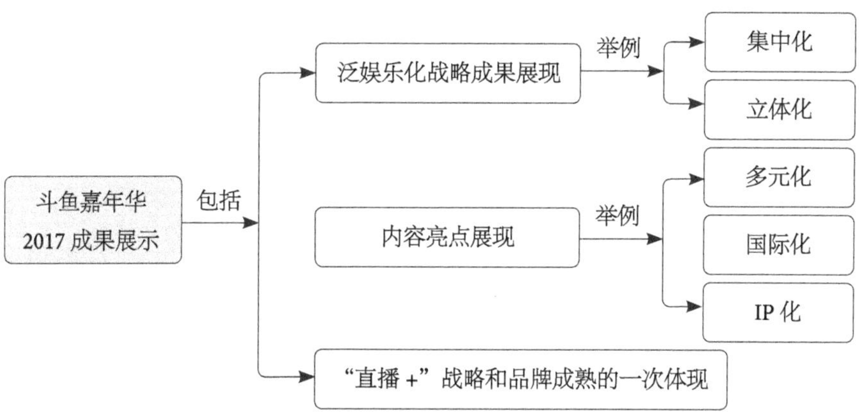

▲图 2-31 斗鱼嘉年华 2017 成果展示

019 熊猫 TV：**泛娱乐化呈不可阻挡的趋势**

熊猫 TV 是一家名副其实的弹幕互动娱乐直播平台，其泛娱乐化趋势表现得非常明显，几乎覆盖了全娱乐精彩内容——主打游戏直播内容并涉及演出、音乐和体育等契合受众需求的多方面内容。

其实，熊猫直播平台的建立就是泛娱乐化发展趋势下的结果。该平台从布局泛娱乐 O2O（Online To Offine, 线上到线下）市场的角度出发，把直播平台定位在了符合时代趋势布局的核心环节和关键纽带这一位置上。

该平台创立的初衷不仅仅是为了直播而直播，而是想要通过直播实现连接游戏、娱乐、体育等产业的目标，并在连接和融合的过程中获得更多的不同行业业务的协同优势。因此，除游戏直播外，熊猫 TV 平台上所有的直播内容都有着明显的泛娱乐倾向，其向用户提供演出和体育赛事等形式的直播也成了该平台内容的主要发展方向。

基于对过去秀场直播的内容和形式的直播模式探索，熊猫 TV 进行了一次大胆的尝试——与《鲁豫有约》合作，打造亚洲 ×× 的直播首秀，吸引了大约 500 万人观看，并保持了与网友的高度互动。

这一直播尝试在高度调动网友互动热情的同时也为直播理念和内容都输入了新鲜血液，无论对媒体界还是对直播界来说，都有着极大的反响，具体分析如图 2-32 所示。

无论是基于媒体界的发展需求来说，还是从直播界的发展理念和途径来看，融合了多个行业内容的视频直播行业的泛娱乐化趋势已经成为常态，这一时代大潮就如同潮水涨落一般，是不可阻挡的。

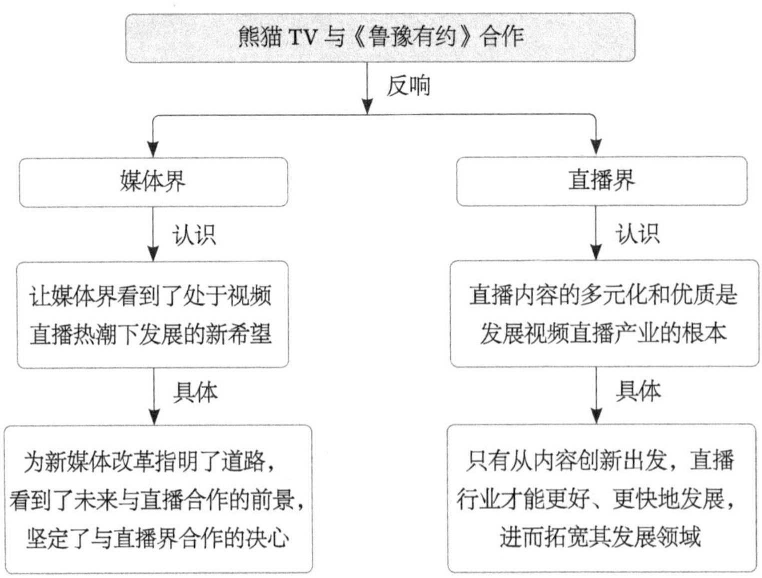

▲图 2-32 熊猫 TV 与《鲁豫有约》合作的反响

020 策略化发展：**持续满足用户需求**

直播作为主要的内容呈现形式之一，其重点在于为用户提供视频观看和分享服务业务，其主要内容包括以下几个方面：

◆ 脱口秀。

◆ 游戏直播。

◆ 电视直播。

◆ 明星直播。

◆ 体育赛事直播。

从发展策略来看，直播平台主要应该从两个方面来布局，并在最终目的的引导下实现其平台价值，具体内容如图 2-33 所示。

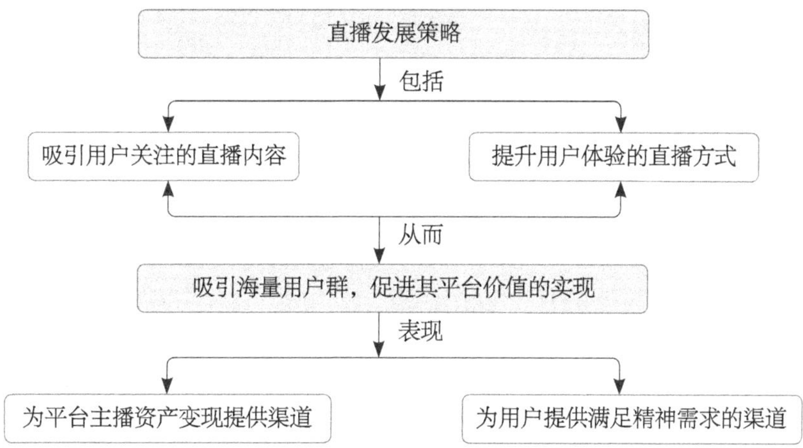

▲图 2-33 直播发展策略和平台价值实现

下面将针对图 2-33 中提及的持续满足用户需求的直播平台发展策略的两个方面进行具体介绍。

1. 提供吸引用户关注的直播内容

从内容方面来看，一些优秀的直播平台一直在持续创造优质内容上下功夫，并从两个方面着手积极进行直播内容的创造，如图 2-34 所示。

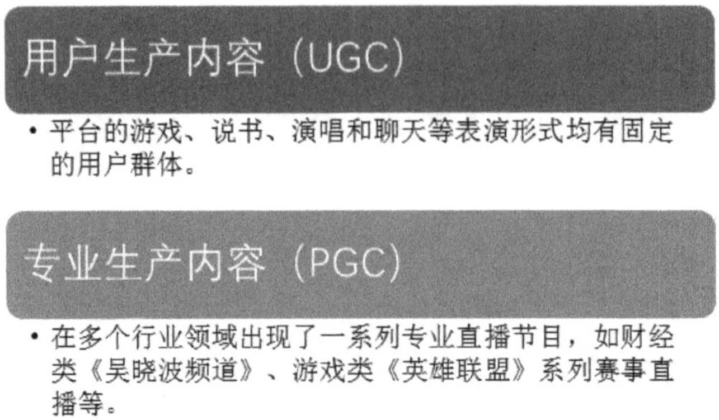

▲图 2-34 直播平台的内容创造

众多优秀的直播平台就是坚持在这两个方面进行持续的内容创作的基础上，辅以对用户内容需求的不断开拓，最终实现直播内容的跨越式提升，从而为直播平台吸引了海量用户。

2. 提供提升用户体验的直播方式

从用户直播体验方面来看，优秀的直播平台也有它的坚持和创新：它始终坚持从用户的角度来看待平台的发展，从用户需求出发进行创新设计。提升用户直播体验的一个重要措施就是从观看和分享的终端出发，具体内容如图 2-35 所示。

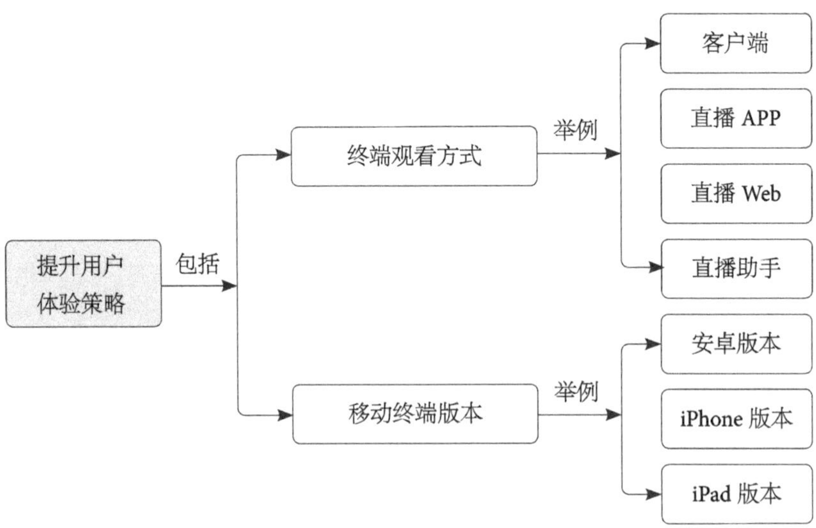

▲图 2-35 提升用户体验的策略介绍

021 进阶：**从娱乐化到专业化**

在文娱领域的泛娱乐直播获得了快速发展和巨大经济效益的同时，其所带来的视频直播趋势和巨大的收益使得视频直播行业向着更广、更深的领域发展。其中，有着较强专业性的垂直领域直播就是一个很好的例子。

直播由娱乐化向专业化进阶，实现垂直领域的直播发展需要一个契机，这一契机就表现在直播发展成熟之际，从两个方面来分析，具体内容如下：

- 从用户需求来看，在直播火爆发展的时代环境下，用户群体壮大的同时也带来了其对直播内容需求的提高。
- 从用户构成来看，基于垂直领域内容较强的专业性，发展成熟的情况下具有较高纯度的用户正是发展所需的。

当然，垂直领域考虑涌入直播这一高效平台也有其特有原因，即相较于其他平台，直播平台具有 3 个方面的优势，具体如图 2-36 所示。

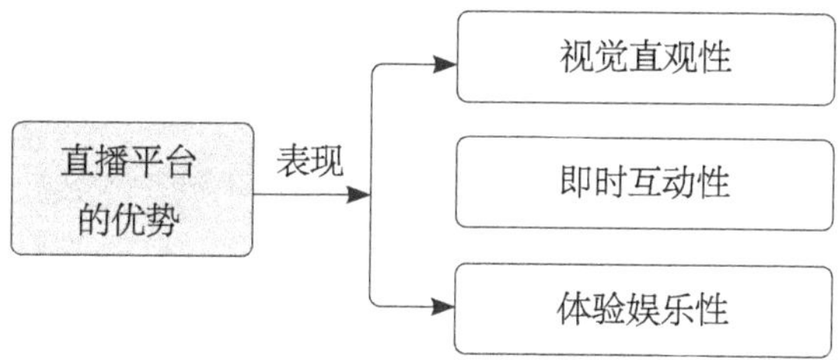

▲图 2-36 直播平台的优势

而从垂直领域直播本身来说，泛娱乐直播模式下优质内容持续创作的难度使得其以内容为核心的基本特征决定了它有可能突破现有直播发展状况的困境，成功完成突围。

然而要注意的是，与泛娱乐直播模式不同，垂直领域直播模式的营销推广需要注意用户的精准性。这也是由垂直领域的直播内容特性决定的：其内容的专业性使得其在对独一无二的垂直领域直播品牌进行定位时，其受众目标就已经是要集聚品牌自身的精准受众，直播方需要将具有较强专业性和独特品牌特征的直播内容传送给他们。

从目前直播发展程度和垂直领域直播发展的特点来看，对目标受众进行精准定位并集聚起来进行精准内容的推送，已成为垂直领域直播发展取得突破的唯一途径。具体说来，垂直领域与视频直播进行融合有着极大影响，如图 2-37 所示。

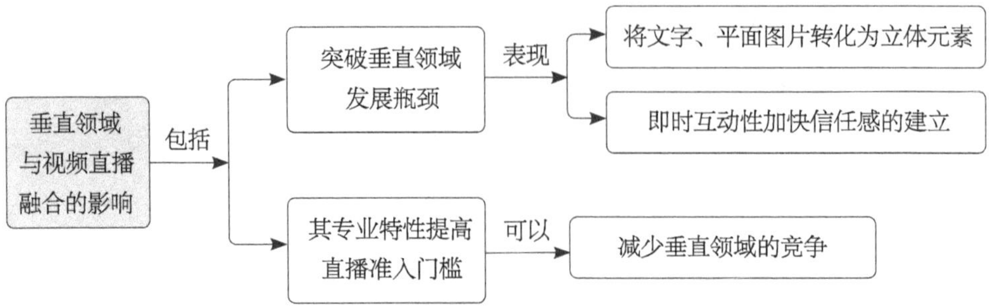

▲图 2-37 垂直领域与视频直播融合的影响

022 直播云服务：**降低技术门槛**

有数据表明，直播行业已经获得了巨大发展，截止到 2016 年 12 月，我国直播行业发展已经取得了一定的规模，具体如下。

- 网络直播平台超过300家。
- 直播用户规模达 3.44 亿。
- 直播市场规模近 160亿元。

另外，根据 36 氪研究院的直播行业数据统计，现有的直播平台分布有着比较大的差异性，如图 2-38 所示。

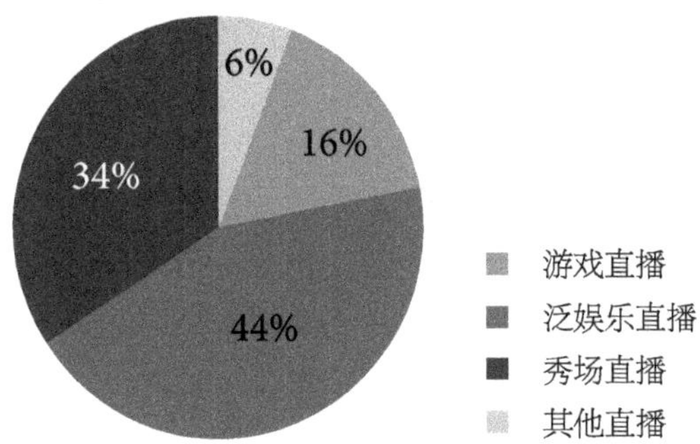

▲图 2-38 现有直播平台分布

从图 2-38 中可以看出，包括垂直领域直播在内的其他直播平台在占比上明显处于劣势，相对于秀场直播和泛娱乐直播而言，垂直领域直播市场还未真正发掘其巨大的价值，离实现全民直播盛况还有着非常遥远的距离。

而对于垂直领域中的专业性企业来说，它们的基础工作是对特定领域内容的专业内容深耕，在直播这一模式所需要的人员、网络基础设施和技术方面存在欠缺，而后者恰是直播所必需的。具体来说，垂直领域中的专业性企业需要在以下方面进行投资才能完全构建自身的直播平台。

- **人员：**大量的直播专业运维人员。
- **技术：**直播云研发技术。
- **基础设施：**机房、服务器、防火墙和负载均衡等。

想要完全解决这些问题，并不容易。在这一情形下，直播云服务出现了。

从直播内容来看，直播云服务可以说是垂直领域直播内容的突破，具体如图 2-39 所示。

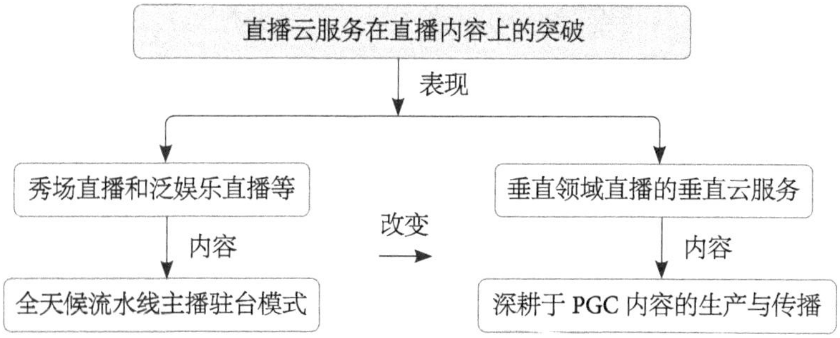

▲图 2-39 直播云服务在直播内容上的突破

而直播云服务在内容上的突破和变革又对直播技术提出了更高的要求，它在技术方面最主要的发展就在于把专业场景运用的诸多高要求纳入了产品设计中，为解决各种场景问题提供了条件。图 2-40 所示为直播云服务产品的专业场景应用。

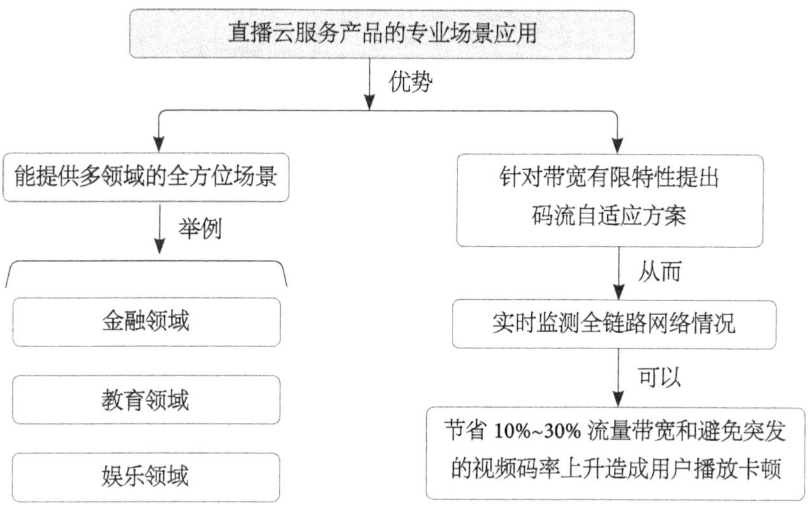

▲图 2-40 直播云服务产品的专业场景应用

基于图 2-40 所示的直播云服务的专业场景运用，给用户带来最佳的直播体验毋庸置疑。

在直播云服务方面，网易视频云可以说是这一领域的领跑者。网易视频云的特征具体表现在以下 5 个方面：

◆ **目标：**给用户“提供真正易用的视频云”服务。

◆ **技术：**利用专业的跨平台视频编码技术来支撑。

◆ **运行：**有着大规模的网络直播视频内容分发网络。

◆ **特点：**提供给目标用户的是一站式的直播云服务。

◆ **流程：**从接入到运行，直播云服务只需四步完成。

基于上面 5 个方面，网易视频云对专业性的垂直领域直播给予了极大的助力，在大大减少直播研发投入的同时轻松教会直播新手完成对接，无论在技术上还是流程上都极大地降低了迈入垂直领域直播的门槛。

023 淘宝直播：**Buy+ 体验呈现**

所谓“Buy+”，指的是虚拟现实购物体验产品。它由阿里 VR 实验室 GM Lab 研发，于 2016 年 7 月 22 日的淘宝“购物节”首次在全球开放体验。图 2-41 所示为淘宝 Buy+ 购物体验。

▲图 2-41 淘宝 Buy+ 购物体验

Buy+ 代表的是一种全新购物方式，它是淘宝基于广大用户的需求而研发的。在 Buy+ 体验中，其购物方式的形成是借助于各类技术而实现的，具体如图 2-42 所示。

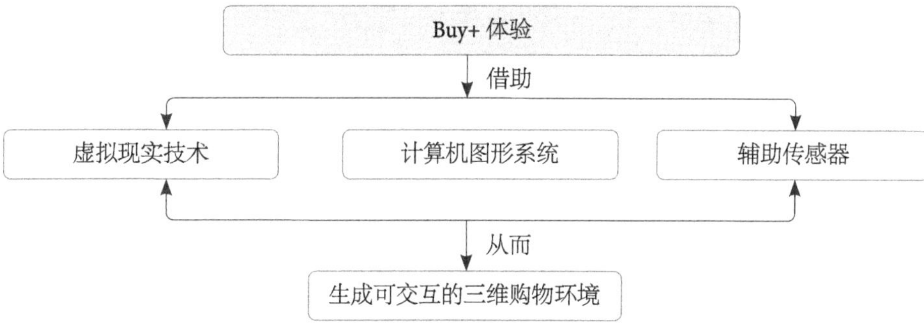

▲图 2-42 淘宝 Buy+ 体验

在 2016 年的淘宝“购物节”上，Buy+ 体验主要呈现的是女包和男女内衣等产品的购物场景。在淘宝购物平台上，买家只要进入其体验间，并戴上“头盔”，就能进入虚拟商店中。借助 Buy+ 体验，买家在购物时不仅可以安静地观看虚拟商店产品，感受不同于喧闹的线下展厅的氛围，还可以借助手柄设备，与好友在其中进行交流。

无论是在女包产品的购物场景中，还是男女内衣产品的购物场景中，买家都可以 360 度无死角地欣赏产品，并能通过与机器人的交流对产品进行颜色、尺寸等方面的更换。图 2-43 所示为淘宝“购物节”Buy+ 体验内衣产品购物。

▲图 2-43 淘宝“购物节”Buy+ 体验内衣产品购物

从 Buy+ 体验中可以看出，网络直播的实时互动性解决了电商营销过程中展示的静态平面图片的问题。因此，在阿里看来，淘宝直播是实现其“聚焦体验、繁荣生态、赋能商家、消费升级”核心价值的具体落地途径。

Buy+ 一出现，各大电商平台也纷纷实行“直播 + 电商”的策略落地，如京东就推出了其生鲜部与斗鱼 TV 合作的“龙虾激战之夜”直播活动，如图 2-44 所示。

▲图 2-44 “龙虾激战之夜”直播活动宣传

024 波罗蜜：**成功试水“直播 + 电商”**

2015 年，一家名为“波罗蜜”的跨境电商企业成立了。

当直播平台快速地涌现在人们的生活中时，波罗蜜的营销团队眼光精准地看到了其中的商机，于是开始试水“直播 + 电商”模式，这一营销模式可以说是两个领域的“强强联合”。

◆ 电商平台的便捷性。

◆ 网络直播的即时互动性。

试水“直播 + 电商”开启了用户通过视频直播方式来切身感受身临其境的购物体验，并从视频直播中知晓商品的店铺标价。图 2-45 所示为波罗蜜“直播 + 电商”的店铺标价展示。

在这次“直播 + 电商”的试水中，波罗蜜为了进一步扩大营销成果，推出了众多二次元玩法，让直播用户在购物的同时充分感受到直播的娱乐性和消遣性。波罗蜜的“直播 + 电商”模式的二次元玩法是多样化的，如图 2-46 所示。

▲图 2-45 波罗蜜“直播 + 电商”的店铺价格展示

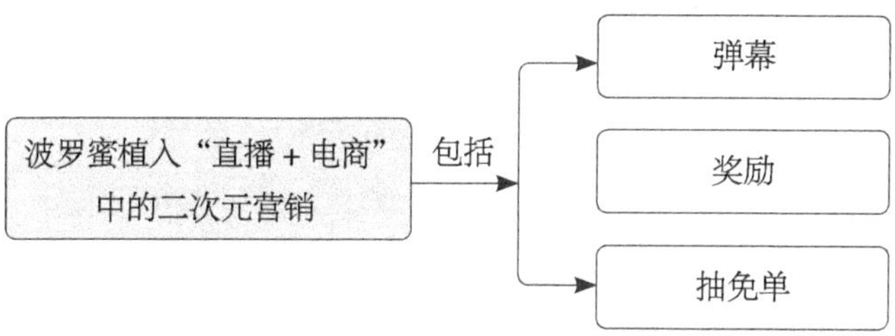

▲图 2-46 波罗蜜植入“直播 + 电商”中的二次元营销

波罗蜜的成功试水，一方面让其自身获得了巨大的回报，这种回报表现在以下几个方面。

- ◆ 获得巨大的营销成功体验和经济效益。
- ◆ 很好地提升了企业知名度，迅速被大众所熟知。
- ◆ 突破了资本寒冬期壁垒，顺利完成了三轮融资。

另一方面，这一商业模式的成功为电商领域的营销发展提供了一条新的途径，那就是把直播这一形式融入电商营销中，在波罗蜜成功应用的案例指导下，电商同行们纷纷效仿，经过一段时间的发展，形成了目前“直播 + 电商”的两种运营和营销模式，具体如图 2-47 所示。

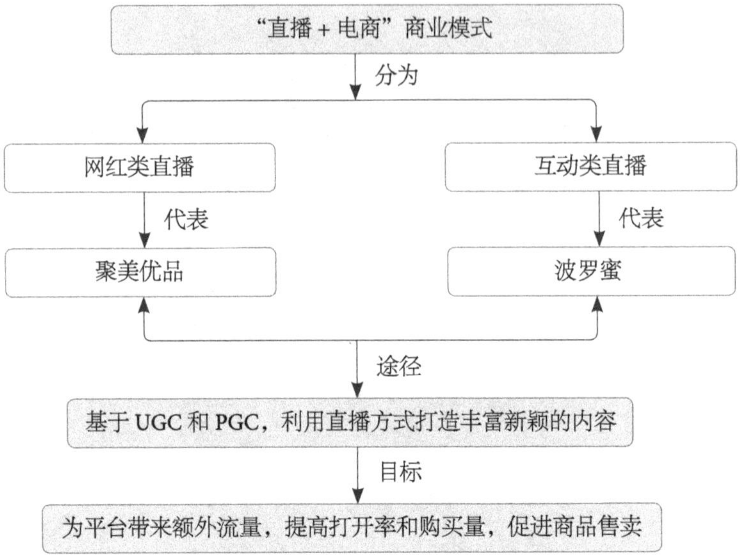

▲图 2-47 "直播 + 电商"商业模式

025 兰渡文化：**做好垂直领域的头部内容**

兰渡文化是一家专注于互联网女性垂直内容的视频企业，它以《深夜蜜语》这一女性脱口秀起家，并随后推出了《深夜蜜语》第二季和第三季，同时还制作了美妆类女性节目《美人蜜制》和职场类女性节目《职场蜜贱》等，为平台吸引了不少用户。图 2-48 所示为《深夜蜜语》第一季直播现场。

▲图 2-48 《深夜蜜语》第一季

但在兰渡文化的创始人陆婷婷看来，这种成功与那些有着头部爆款内容的网络综艺相比还是有着不小的差距。她认为，要想缩小差距，就要做好平台的头部内容。

于是，她敏锐地选择以直播的形式打造头部内容，把重点放在了植根于电商领域的直播综艺上，并于 2016 年 8 月推出了与腾讯互娱合作的第一档直播综艺节目《拜托了！粉丝》，获得了累积播放量上千万的好成绩。

其后，兰渡文化又推出了首档淘宝天猫“双十一”直播电商节目——《九牛与二虎》，实现了电商与直播综艺的结合，凭借着对直播的了解和对直播主流受众的把握，他们在节目第一季就赢得了 DQ 的冠名，很好地印证了兰渡文化团队与电商合作的实力。

其实，兰渡文化对节目头部内容打造的探索，无论是最初的《深夜蜜语》，还是游戏综艺直播《拜托了！粉丝》，或是电商综艺直播《九牛与二虎》，它们都始终坚持女性垂直领域这一内容方向。在这一方向的指引下，兰渡文化探索出了符合社会发展趋势和自身发展特性的直播之路，打造了有着极大影响力的平台头部内容。

温馨提示

头部内容即内容创业者所打造的第一重要的那部分内容，也是指在那些能够吸引众多用户的平台上发布的少数优秀内容。内容创业者通过这些内容，可以极大地提升内容平台的影响力，从而创造出最高的价值。

第3章

经纪公司：
高效运营，实现三赢

学前提示 >>>

在视频直播行业中，联系平台与主播的构成元素称为“公会”，即经纪公司。在经纪公司成功实现了高效运营目标的情况下，打造一个公会、平台和主播三赢的直播模式也就指日可待了。本章将具体介绍经纪公司实现高效运营的方法和技巧。

要点展示 >>>

- ◆ 采取规范化运营方式
- ◆ 合理条件招聘主播
- ◆ 培养网红的6个环节
- ◆ 平等签约约束主播
- ◆ 输出精良内容获追捧
- ◆ 着力打响公司知名度
- ◆ ……

026 采取规范化运营方式

在视频直播行业的发展中，受众能够感受到主播与直播平台之间的紧密联系——主播借助直播平台进行内容直播，直播平台为主播提供直播场地。

其实，在具体的运营中，主播与直播平台最初并不是直接联系的。两者之间有一个共同的媒介，那就是经纪公司。

可见，经纪公司在视频直播行业发展中扮演的是非常重要的角色，其内部运营的好坏直接影响到主播和直播平台，进而影响着整个行业的发展，具体解读如图 3-1 所示。

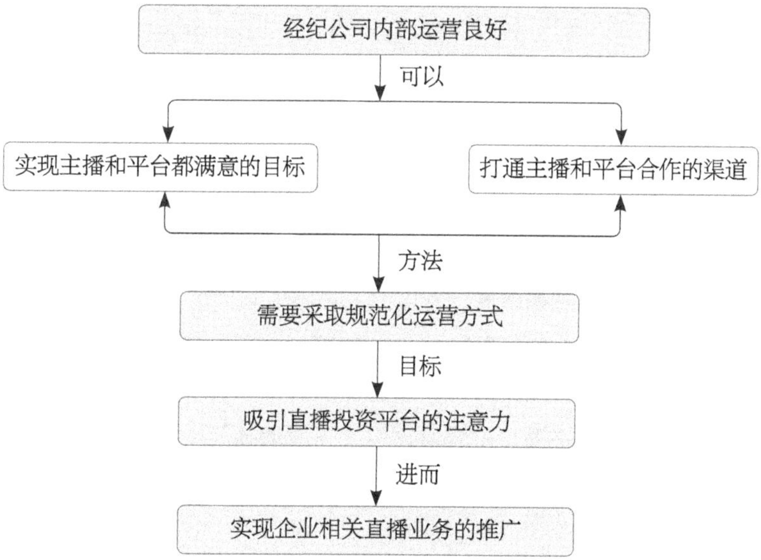

▲图 3-1 经纪公司良好的内部运营状况

那么，经纪公司怎样才能实现良好的内部运营呢？具体说来，可从两个方面考虑，即发展主播和运营方式拓展，下面将进行详细介绍。

1. 发展主播

主播是从经纪公司走出来的，要通过经纪公司这一中介与直播平台产生联系。因此，在视频直播行业领域中，经纪公司首先要做好主播的专业培训。

主播在开始踏入直播领域时，都是“新人”，一方面他们需要进行直播内容方面的培训，特别是一些才艺方面的主播，更需要在自己擅长的才艺方面多加努力，而经纪公司可以从这一方面出发，对主播进行培训。

另一方面他们还需要进行直播呈现方式的培训，也就是说，怎样把直播的主题内容更好地呈现在受众面前。如怎样说才能让受众更加容易接受和理解，怎样解决直播过程中遇到的诸多问题等，这些都应该在直播前就有所准备，需要经过一定的培训。

特别是主打“素人直播”的平台，他们大多并不是公众人物，或多或少会有怯场的心理表现，必须对其进行一系列严格的培训，才能让“素人”开始走上直播主播的道路。

2. 运营方式拓展

在运营方式方面，直播首先是线上的直播，是互联网娱乐的直播。

而在如今线上、线下紧密结合的时代，怎样把直播这一线上内容表现形式和业务方式推广到线下，进行线上到线下的渗透，已经成为适应时代发展需求的迫切问题。因此，经纪公司应该从线上到线下的渗透方向出发，在线下实现有一定效果的运营和宣传发展。

另外，在互联网作为人们信息来源主渠道的时代，怎样把互联网娱乐和传统娱乐结合起来，也成了视频直播行业发展的需要。因此，经纪公司应该寻找传统娱乐与互联网娱乐的结合点，对双方的优势作最大化的发挥，最终实现创新结合，更快地推进直播的发展。

经纪公司通过发展主播和拓展运营方式方面的规范化运营，将实现“三赢”的高效运营，具体分析如图 3-2 所示。

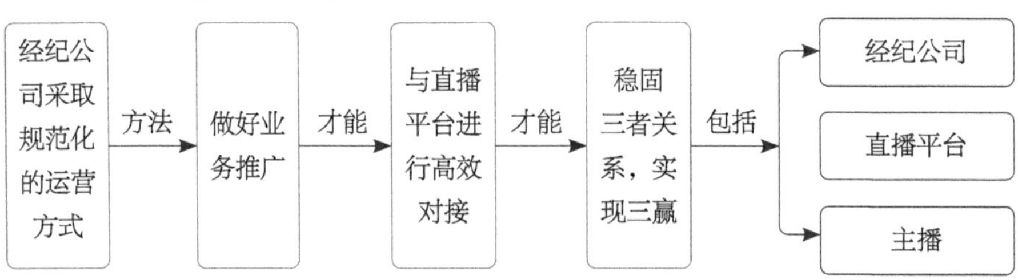

▲图 3-2 经纪公司的规范化运营方式

027 合理条件招聘主播

经纪公司对直播平台的主播招聘条件并不是特别高，其核心在于能吸引受众关注。图 3-3 所示为网站上招聘主播的信息案例。

岗位职责如下。

1．女，擅长交流，能够与粉丝进行互动，活跃气氛。

2．能够在镜头前展示才艺（舞蹈、唱歌等），善于展示自我。

3．有无经验均可，勤奋好学者优先，公司一对一指导，专业的才艺培训。

4．有兴趣长期致力于直播行业者，公司阶梯式培训，帮助你一步一步成长。

任职要求：勤奋好学，有上进心的女性。

工作时间如下。

1．每天直播3~6小时，根据个人时间与管理协商上播时段。

2．每个月播满25天，剩余天数为假期随时调休。

3．保底加提成，提供免费住宿。

4．工作地点：

5．目前公司在职主播薪资平均10 000以上。可在家或公司直播。提供免费服装，化妆造型师。

6．免费新人培训，直播技巧，才艺培训。

（1）

岗位职责如下。

1．及时回应粉丝用户的线上互动。

2．遵守公司规章制度，配合公司安排的活动和免费培训。

3．网络直播内容需严格遵守法律法规，杜绝一切低俗不健康行为。

4．使用文明、礼貌用语，不得骂脏话、对用户进行人身攻击，煽动其他用户引发纠纷等。

5．与用户互动时，不得含有涉黄、擦边、涉政、低俗等内容；不得宣扬暴力、反动、破坏国家稳定团结统一等内容。

6．游戏主播需事先提供露脸游戏比赛视频用于平台审核。

任职要求如下。

1．相貌端庄靓丽，善于与观众互动。

2．年龄18~35周岁，声音甜美，大方时尚，形象气质佳；

3．有较强的责任心和进取心，较好的协调沟通能力；

4．良好的镜头感，表现欲强，适应在镜头前展示才艺；

5．有歌手、模特、播音、主持类经验者优先录用；

6．影视表演专业、艺术院校者优先录取。

（2）

▲图 3-3 经纪公司招聘主播案例

从图 3-3 中可以看出，一般经纪公司招聘直播主播都应该具备 5 个主要条件，具体如图 3-4 所示。

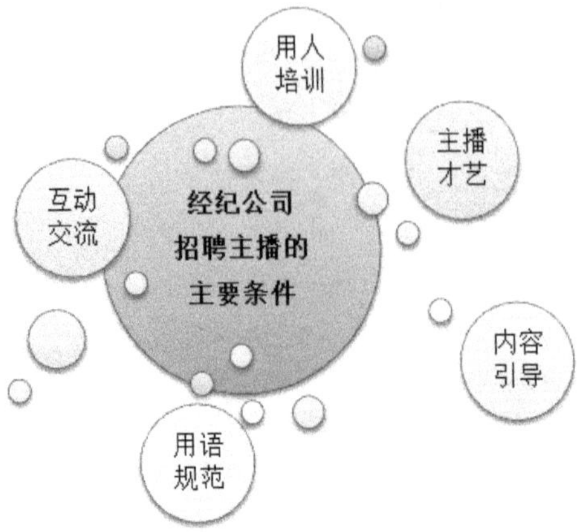

▲图 3-4 经纪公司招聘主播的主要条件

针对图 3-4 所示的 5 个方面的条件，下面进行详细阐述。

1. 互动交流方面

图 3-3 中两则招聘信息都提到了在线上互动方面的要求，可见，吸引受众关注和提升受众活跃度是经纪公司选择主播的重要条件。一个网络主播，即使他（她）在才艺和颜值上都值得称许，但不善于与受众互动，那也远远达不到经纪公司选择主播的条件的。

2. 主播才艺方面

经纪公司选择主播，才艺条件是重中之重，特别是在如今直播作为人们展示才艺的重要方式的情况下，才艺在吸引受众方面更是有着非同一般的作用。

3. 内容引导方面

现今的受众都置身于种类繁多的信息中，其身心发展也受到各种各样的信息影响。主播，特别是受众喜欢的主播，其影响力将更大，因此，需要对主播互动中的内容进行规范，要求是具有正确导向型的主题内容。

4. 用语规范方面

直播虽然是一种即时的内容呈现形式，但它毕竟不同于日常生活。在日常生活中，会出现一些用语不礼貌的现象，这在直播用语中是不允许的。因此，经纪公司在招聘主播时要加以注意，并特意提出要求。

5. 用人培训方面

图 3-3 所示的两则招聘信息都提及了公司的培训。这是经纪公司对主播职业能力的培养，是非常有必要的。无论是从经纪公司的形象考虑，还是从主播方面考虑，对应聘主播的人员按照公司要求进行职业方面的培训，都是一种负责任的原则性要求。

温馨提示

除了上面 5 个方面的主要条件外，经纪公司一般还会对应聘人员的形象气质方面提出要求，但是这方面的要求一般是合理的、合适的，不会一味地要求主播在颜值方面有什么突出的要求。

028 培养网红的 6 个环节

在以主播为内容本身的秀场直播中，经纪公司在视频直播行业的发展中所起的作用是非常大的。这主要表现在两个方面，图 3-5 所示。

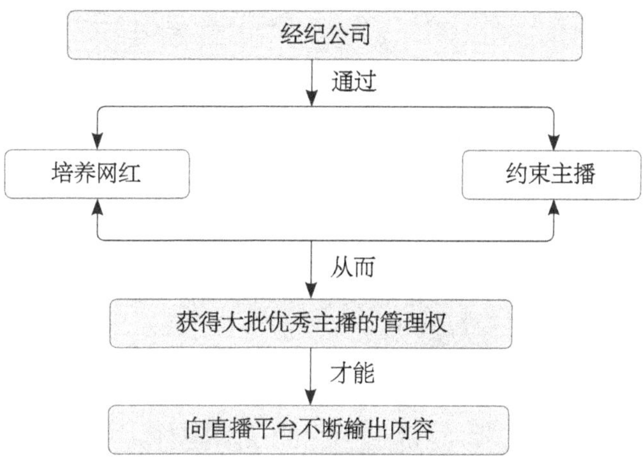

▲图 3-5 经纪公司在秀场直播中的作用

以打造网红为例，经纪公司怎样才能打造一批直播平台所需要的网红，从而为公司业务的拓展和营销的发展提供助力呢？具体说来，经纪公司打造网红需要遵循一定的流程，如图 3-6 所示。

在图 3-6 所示的 6 个环节中，培训这个基础环节在上文中作了比较详细的介绍，其他 5 个环节中最主要的还是宣传和活动策划这两个环节。这两个环节有着共同的目的，那就是扩大网红的影响范围。从一定程度上来说，活动策划和巡场都可以说是宣传的延伸和发展。

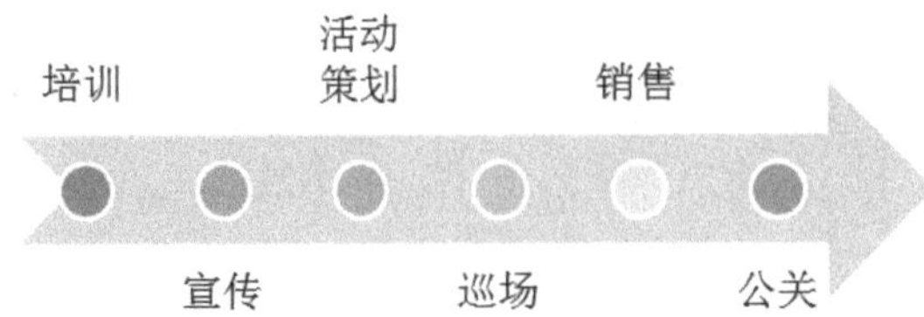

▲图 3-6 经纪公司打造网红的一般流程

接下来将重点介绍打造网红过程中的宣传环节。

网红成为明星已经是不争的事实，而明星“网红化”也屡见不鲜。在宣传环节上，处于如今信息发达、传播迅速的时代，宣传的方式也是多种多样的，尤其是那些明星网红。他们通过互联网中的各种新媒体平台，变得越来越接地气，也学会了利用互联网来获得粉丝、经营粉丝，提升自己的变现能力。

宣传时，必须要选准合适的平台和网站，其中 UC 浏览器发布的新媒体平台——UC 头条不失为一个好的选择。如图 3-7 所示为 UC 头条新闻网页版界面。

▲图 3-7 UC 头条

基于 UC 浏览器的移动互联网信息入口以及 UC 头条所代表的内容平台，基本上可以说是实现了内容的“自产自销”。

当然，经纪公司在选择明星时也不能太盲目，应根据企业自身的条件和特点来选择，而且要选择比较正面的明星，只有这样才能真正拉动企业业务的发展。

例如，2016 年，某知名演员的打造之路就是一个很好的例子。她在出演的电视剧发布会上，在后台通过手机在映客直播平台上发布内容，给粉丝带来了不一样的影星接触体验，吸引了众多粉丝的关注。另外，她还表示要将该次直播的收入捐赠给灾区的儿童，这一举动再次获得了网友的点赞。

> **温馨提示**
>
> 可见，在影星网红打造的过程中，经纪公司在宣传造势和活动策划时要注意3个方面的内容，具体如下。
>
> - 利用影星已有的人气和粉丝。
> - 策划接地气的影星直播活动。
> - 全面展现“正能量”的话题。

029 平等签约约束主播

经纪公司与主播之间是一种平等的关系，相互之间的关系影响着双方的发展，因此，有必要以合同的形式来约束双方的行为。

对经纪公司来说，它作为一个联系主播和直播平台的主体，为了确保业务推广的实现，首先就应该正确处理好与主播之间的关系。这主要是基于如今视频直播行业的发展势头而言的。无论是在手机应用还是在微信公众号平台上，其直播应用和用户越来越多。图3-8所示为“直播”搜索结果。

（1）应用商店

（2）微信公众号

▲图3-8 “直播”搜索结果

在直播快速发展的情形下，主播可选择的机会也越来越多，由此产生了因主播跳槽等行为导致的对平台方和经纪公司的不利影响，具体分析如图3-9所示。

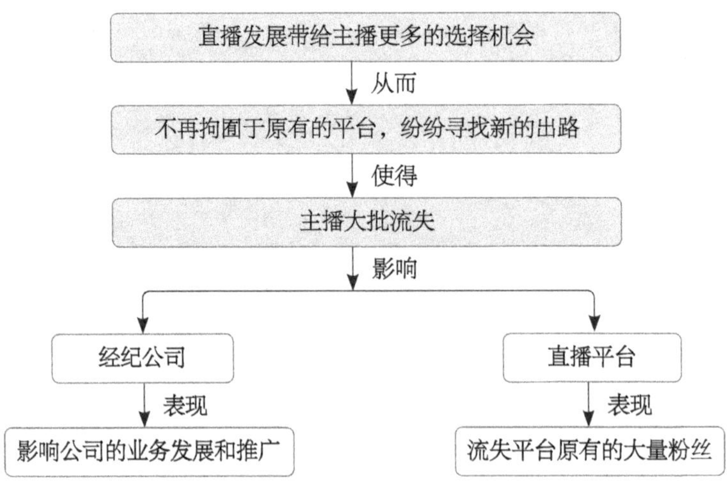

▲图3-9 直播发展带给主播更多的选择机会

而经纪公司和平台想留住主播，就有必要通过一些方法来约束主播，如平等签约，利用法律法规来有效约束签约双方。

经纪公司通过签约的方式来约束主播，对降低主播的流动性和保证平台的持续输出有着非常重要的作用。当然，这也是经纪公司实现高效运营的重要表现，有利于吸引直播平台的注意，最终保障经纪公司业务的顺利开展。

要注意的是，经纪公司与主播签约约束的不仅是主播这一方，还包括经纪公司这一方，且签约的双方在法律上是平等的。这就要求签约所达成的各项事宜对双方来说是平等且能让双方实现双赢的。

030 输出精良内容获追捧

对主播的管理是经纪公司的一个重要运营内容，然而，只做到这一方面是远远不够的。经纪公司不仅要在主播这一单个群体上下功夫，还应该在直播内容上下功夫。

在直播这一内容传播形式已经发展成熟的情况下，要想成功地发展直播，在直播领域扎下根，就需要在内容上进行努力。具体说来，经纪公司高效运营的 3 要素如图 3-10 所示。

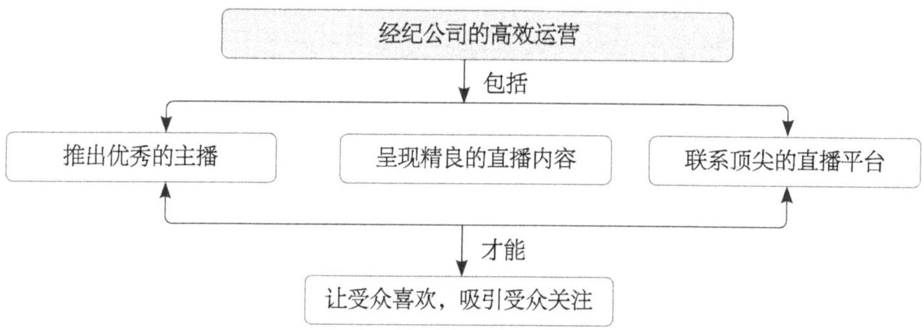

▲图 3-10 经纪公司高效运营实现的 3 要素

其中，在精良的直播内容呈现方面，经纪公司应该从内容主题和内容呈现方式两个方面加以创新，并通过融入更多娱乐元素来增加直播的新颖性和独特性，以此来与未来直播的发展方向接轨。而只有符合时代趋势和需求的直播产品和内容，才能受到大量用户的喜欢和追捧。

另外，从经纪公司在视频直播领域所扮演的角色来看，行业发展应该注重打造一个由经纪公司联系的，融合了平台、主播和受众三者的循环发展的生态圈，如图 3-11 所示。

▲图 3-11 视频直播领域发展生态圈

这一生态圈的打造，需要经纪公司利用其双向沟通的属性来助力实现。在这里，“双向沟通”主要包括两方面的内容，具体如下。

（1）主播与平台之间

沟通好主播与平台之间的关系，就需要经纪公司做好直播内容的管理。这样，无论是留住现有的受众，还是吸引更多的优质受众，都不再是一件难以完成的事。

（2）平台、主播与受众之间

处理好平台、主播这两个内容制作方与受众这个内容接收方的关系，是视频直播行业获得持续发展的动力所在。更重要的是，经纪公司要致力于把受众这一内容接收方转化为内容的传播者，从而形成更大范围内的直播传播和业务推广。

可见，经纪公司只有把上述两个“双向沟通”处理好，把主播、平台和受众有机结合起来，从而实现其自身稳定高效的平台内容生态建设，才能更好、更快地发展直播业务。

031 着力打响公司知名度

一家公司或企业知名度的高低会影响其发展，反过来，通过公司的发展和具体宣传措施又能很大地提升其知名度。可以说，公司的发展和知名度之间是一种相互影响、相互制约和相互促进的关系。

那么，经纪公司要怎样才能在发展的基础上打响公司的知名度呢？具体说来，既可从其自身特点出发，又可从与其相关的视频直播领域各组成部分出发，内容如下。

1. 打造公司自身独特性

一个公司必须要有独特性才能为各方所关注，否则只能“泯然众人矣”。从独特性出发，经纪公司最重要的就是在其自身体系和运营上下功夫，打造一个优于其他公司的运营体系。如我们常用的易直播，其本身只是一个手机视频类 APP 直播平台，然而它却能在直播领域打响其经纪公司的名气，可以说是一种奇迹。其实，根本原因就在于内部生态产业链的构建，如图 3-12 所示。

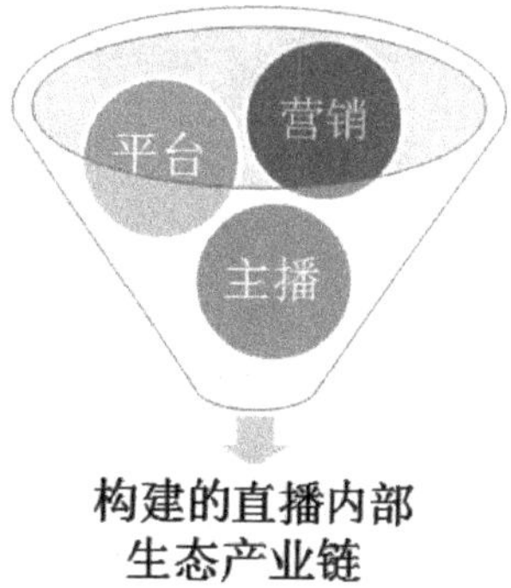

▲图 3-12 直播平台构建的内部生态产业链

2. 推出优质的平台主播

主播与平台有着密切关系，因此，当一个经纪公司的主播获得了大量受众关注时，这个经纪公司在直播投资平台圈子里的名气自然也就提高了。因此，推出优秀的平台主播不失为打响公司知名度的一个好办法。

当然，培养一个优秀主播并不是一件容易的事，有时付出了相当多的精力，却并不一定获得对等的回报。

从另一方面来考虑，如今直播平台如雨后春笋，无疑需要大量的主播，假如不能在单个主播上获取打响公司知名度的机会，那么，可以从公司主播群体的整体质量上下功夫。当经纪公司能为直播平台输送一大批优质的主播，也是打响知名度的另一途径。何况，在众多专业能力过硬、才艺水平高、形象气质佳的主播中，也能产生少数的优秀主播来为公司的知名度添砖加瓦。

3. 与知名直播平台合作

其实，经纪公司除了在自身独特性和优质主播等方面下功夫，还可借助外力来打响公司知名度，那就是直播平台。当公司有了高效的运营方式和大批优质主播的时，就可以采取与知名直播平台合作的方式来提升名气。

当然，在与知名直播平台合作时，也不是无所顾忌和随意选择的，还要考虑公司的业务特点和条件。也就是说，若经纪公司纯粹为了知名度而选择一个与自身业务不相符的平台，那无疑是会弄巧成拙的。

如一家经纪公司专注的业务领域是教育，却基于受众的偏好和平台知名度考虑而选择在娱乐直播类平台或游戏直播类平台上直播。其实这是不可取的，对于与平台定位完全不相符的内容，受众的接受度一般会比较低，因而对打响公司知名度所产生的影响也会大打折扣。图 3-13 所示为我国十大游戏直播平台。

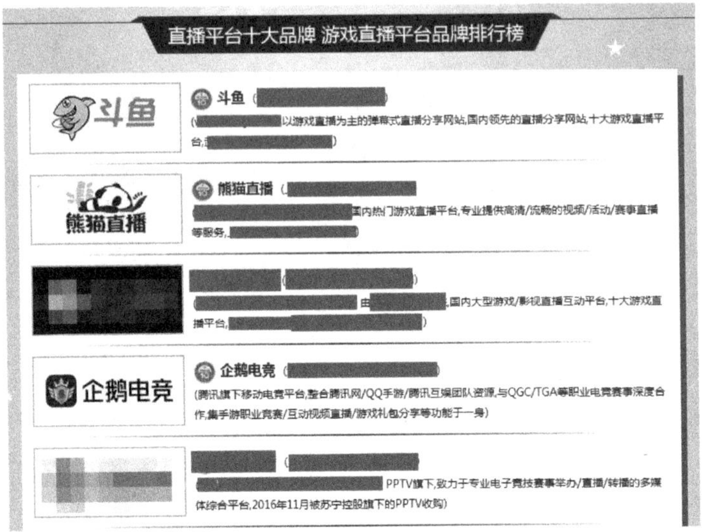

（1）

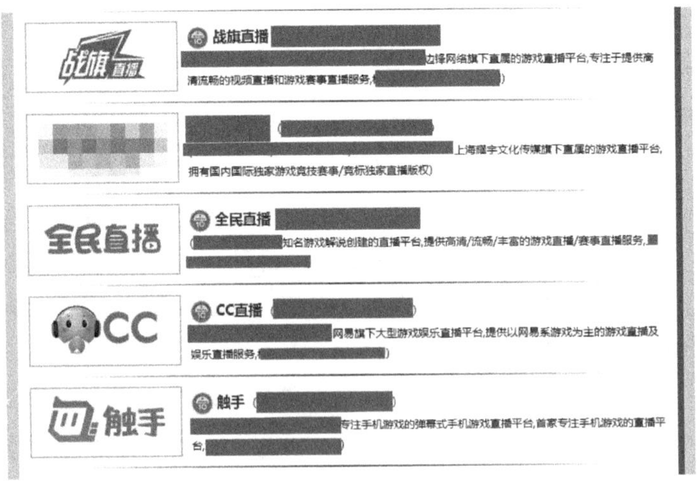

（2）

▲图 3-13 我国十大游戏直播平台

032 果断放弃无价值主播

前面提及了优质主播对经纪公司的影响和重要作用，在此将重点对这一问题进行介绍，为经纪公司的主播培养提供参考。

所谓“果断放弃无价值主播”是从经纪公司的投入和产出来考虑的。一般说来，经纪公司在培养主播新人方面需要花费大量的人力和财力，主要表现在4个方面，如图3-14所示。

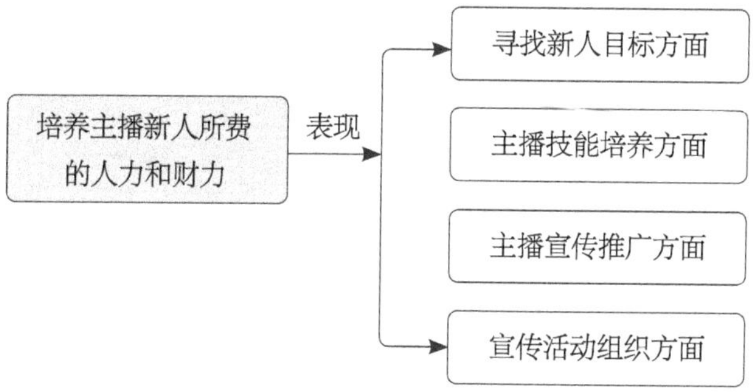

▲图3-14 经纪公司培养主播新人所费人力和财力的主要表现

而经纪公司花费大量的人力和财力培养出来的新人，即使是优质的主播，往往投资也是大于收入的。而对一般的经纪公司而言，它们动辄签约几十甚至上百名主播，然而在基数如此大的主播群体中，大多数主播是处于一种纯粹完成直播任务而赚取生活费用的状态。有少数主播可能会在相关直播领域获得一定的知名度，而有着极高知名度和大量受众粉丝的主播就少之又少了。

因此，那些完全没有价值的主播对经纪公司来说是可有可无的，他们不仅不能为公司做出贡献，还有可能影响公司的运营。

因此，对这些主播，经纪公司应该果断放弃，而不是在不适合的工作岗位上浪费彼此的时间。

经纪公司的这一举措，不仅是对主播自身负责的表现，也是对公司运营发展负责的表现。它能很好地提升公司主播的整体质量，打响公司的知名度。

033 利益妥当分配得双赢

在上文提及网络主播跳槽时指出，直播平台和直播选择机会的增多是主播跳槽的重要原因，然而这还只是外因，内因主要在于平台与主播利益分配的问题。

主播的收入来源是多样化的，多样化的收入来源都影响着双方的利益分配。具体说来，主播的收入来源主要有3类，具体如下。

1. 主播工资

当主播与经纪公司和平台签约时，一般都会注明薪资是多少。这是非常稳定的主播收入来源，且主播工资相对其他行业来说一般都比较高，这从各大招聘网站的信息就可以看出来，如图 3-15 所示。可见，主播工资最初是其收入的主要来源之一。

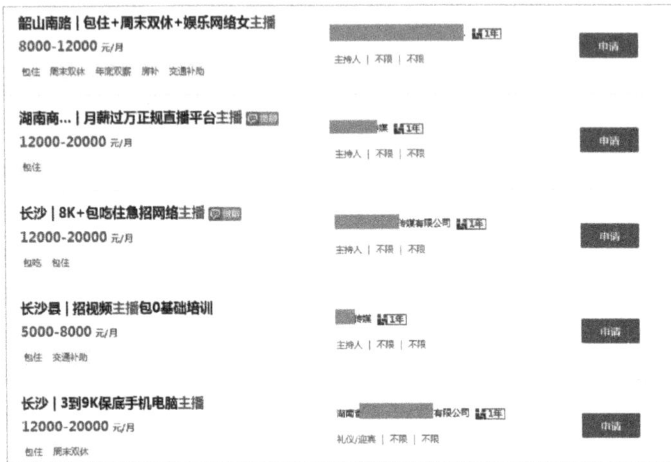

（1）

职位名	公司名	工作地点	薪资
网络主播	长沙市……有限公司	长沙-岳麓区	0.8-1万/月
网络主播/户外主播/美食主播	安徽佰……限公司	异地招聘	1-1.5万/月
网络视频主播	湖南省……集团股份有限公司	长沙-芙蓉区	6-8千/月
主播代表	……媒有限公司	长沙	3-4.5千/月
录音主播	长沙冰……限公司	长沙-天心区	3-4.5千/月
网络主播	长沙微……有限公司	长沙-芙蓉区	1-1.5万/月
手机直播/网络主播/歌手/主持人/乐器…	南昌市……有限公司	长沙-芙蓉区	6-8千/月
星探（主播）	湖南芒……技有限公司	长沙	0.4-1万/月
	湖南艾……限公司	长沙-雨花区	0.8-1万/月
网络主播	南京鹏……有限公司	异地招聘	0.5-1万/月
网络主播	长沙市……医疗投资管理有…	长沙-芙蓉区	6-8千/月

（2）

▲图 3-15 招聘网站上的主播薪资标准

2. 礼物或打赏

给主播的礼物或打赏这一收入来源是比较灵活且不稳定的，受主播的人气和粉丝数量、互动的影响比较大。

其中，礼物的形式有两种，一种是某一主播的受众做小任务获得礼物，而主播可以基于受众关注这些小任务获得积分来进行兑换，如斗鱼直播平台上的“鱼丸”就是积分的表示方法，如图 3-16 所示。

▲图 3-16 斗鱼直播的积分——鱼丸

另一种礼物是受众充值购买如“火箭”“飞机”等虚拟礼物送给主播，主播分成获得收入。

“打赏”这一形式在微信公众平台上比较常见，如主打语音直播的千聊 Live，就有打赏功能的存在，如图 3-17 所示。由于对主播打赏缺乏有效的监管机制，高额甚至巨额打赏事件频发，这种乱象亟待治理。

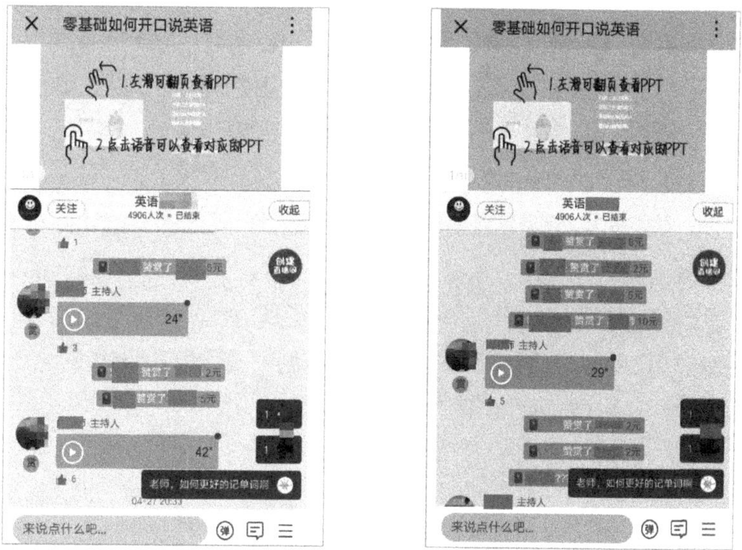

▲图 3-17 千聊 Live 的受众打赏

3. 广告收入

对于那些人气高和粉丝众多的主播，以宣传为目的的商家会选择他们作为合作对象，在直播页面和内容中进行直播广告推广。

主播除了上述收入来源外，一般还会有页游注册或消费提成、粉丝赞助等，另外，有自己网店的主播还会有商品销售收入，游戏玩家还会有游戏代练收入。

温馨提示

在上述诸多收入来源的分成上，经纪公司应该在与主播签约时做出明确规定，并以合理的方式来保障主播收益，而不是以不平等的条约、拖欠工资等方式损害主播的利益。这样才能让直播平台和主播能从中获益，并保障直播的持续进行。

034 全民直播：**优质内容管理**

全民直播是一款直播类互动软件，用户在该平台上可以关注到众多精彩的直播节目。“众多”一方面是指全民直播平台所涵盖的众多直播节目是多元化的，另一方面也指这些直播节目内容优质，能够吸引用户和留住用户。

关于直播平台的内容，通过经纪公司的运营管理，在不断内容拓展的情况下进行升级，从而实现以内容取胜的目标，其中比较代表性的案例有2017年的大型互动综艺直播节目《说好的中国话》。

特别是在2017年推出的第四期节目中，打造出了直播这一内容呈现形式与非物质文化遗产结合的直播内容，校园主播、文学作品、直播节目、婚俗文化和剪纸艺术等诸多元素的结合，民国文学《半生缘》与现代热剧《我的前半生》跨越时空，完美演绎了时代社会中的风俗与艺术，获得了巨大关注。

其实，《说好的中国话》直播节目是全民直播多元化内容的布局和探索，是其构建自身内容体系的重要一步，同时也开启了大型非物质文化遗产的语言对抗式综艺直播形式。这无论是对直播平台而言，还是对我国传统文化的弘扬来说，都有着巨大的价值和意义。图3-18所示是《说好的中国话》直播节目的特点和价值，全面体现了全民直播公司内容管理方面的高效。

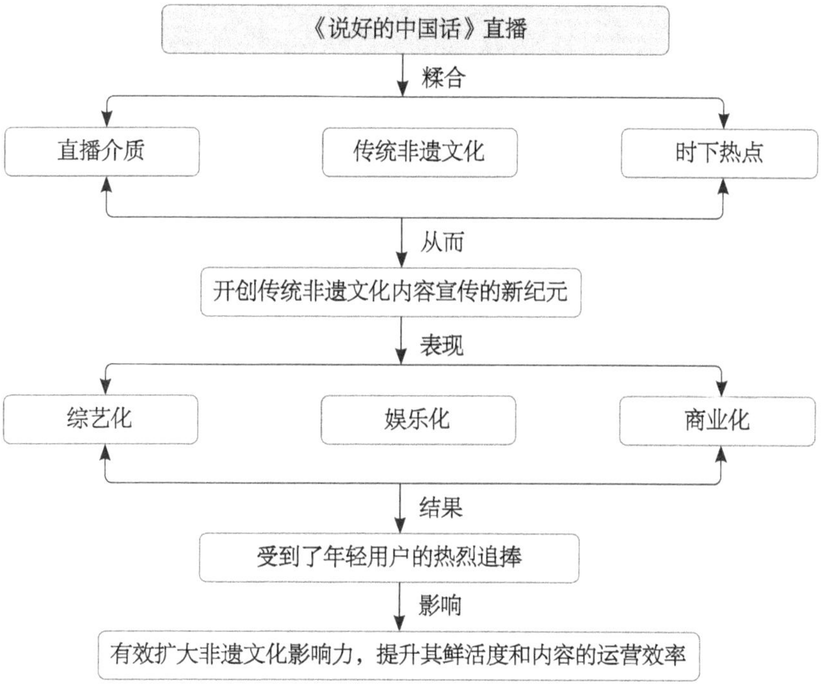

▲图 3-18 探索直播内容新形式的《说好的中国话》

035 娱加公司：**精细化运作**

娱加公司全称为“娱加娱乐传媒有限公司”，成立于 2013 年，其旗下包括多家公司。它也是一个有着一整套能够实现精细化运营体系的经纪公司，其具体发展情况如下。

- 我国首家获得知名风投认可的互联网经纪公司。
- 我国 YY Live 直播平台的第一营收经纪公司。
- 公司催生并向直播平台输送了大量网络主播。

其中，关于知名风投对公司的投资，具体情况包括 3 个方面的内容，如图 3-19 所示。

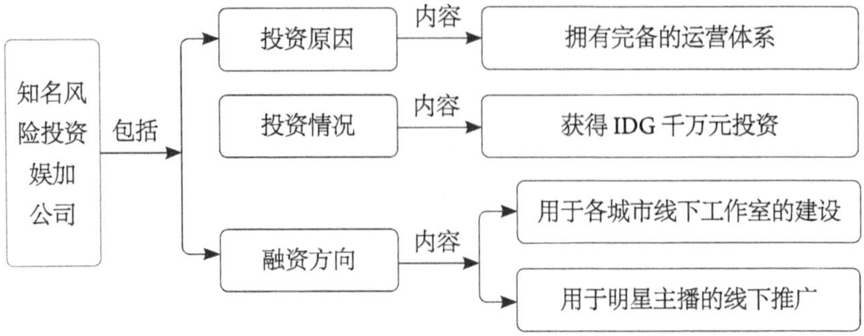

▲图 3-19 知名风险投资娱加公司的内容

在公司的业务和发展方向上，娱加公司也有其自身特点，一是其经营领域的广泛性，二是其在传媒文化经营渠道上的不断开拓和创新精神。从经营领域的广泛性来看，娱加公司主要涉及 6 个方面的业务，如图 3-20 所示。

▲图 3-20 娱加公司的主要业务

在图 3-20 所示的众多领域及其不断推进的新方向建设中，娱加公司一直坚持着精细化运营的理念，特别是在发展视频直播方面，其具体表现如下。

- **公司结构组成：**有市场部、销售部、电子竞技部、网游部和视频主播部。
- **管理阶层人员：**有近百名管理人员，涉及线下线上。
- **主播培训基地：**包括广州白云培训基地和广州大学城主播基地两大基地。
- **直播基础设施：**集中于公司总部，具体为两个独立的专业主播直播间。

第 4 章

直播平台：
新模式才有新出路

学前提示 >>>

直播平台是网络直播领域中的重要组成部分，它的发展及其相关的模式策略直接影响着网络直播的发展。

本章从发展的角度出发，具体介绍直播平台应该抓住的发展机会和运营模式。

要点展示 >>>

- ◆ 互惠互利：IP与平台达成合作
- ◆ 关键任务：完成融资积累资金
- ◆ 合作事业：寻找中国式合伙人
- ◆ 合作稳固：完善平台管理制度
- ◆ 内容提供：让受众喜闻乐见
- ◆ ……

036 互惠互利：IP与平台达成合作

好的直播平台可以快速吸引主播入驻，这些主播同时也能为平台带来更多的用户和收入，两者之间的关系如图4-1所示。

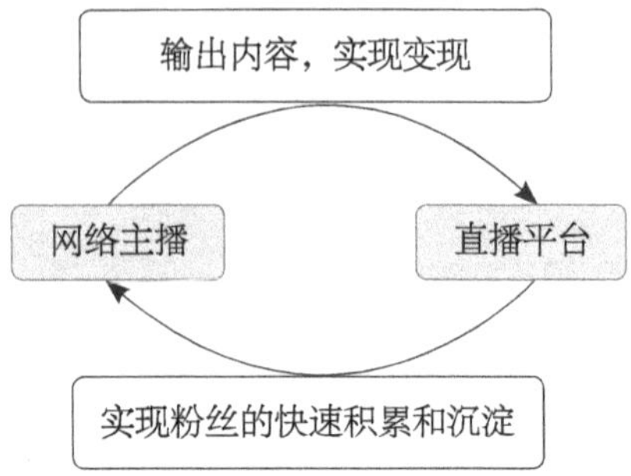

▲图4-1 主播与平台的关系

各种直播平台的出现让IP的争夺也越来越激烈，很多平台开始借势电视剧、电影、综艺等热门IP，帮助平台吸引更多的新用户。例如，2017年的综艺节目《明日之子》在腾讯平台上直播，通过其直播中的人物IP为平台带来了更多的用户，如图4-2所示。

▲图4-2 《明日之子》在腾讯平台上全程直播

同时，在各种直播平台上，用户不但可以看到熟悉的网红主播，而且还能看到很多明星艺人的直播。这些影视综艺IP与直播平台的合作，对双方来说是一件互惠互利的事情。

对于直播平台来说，主播、企业等IP都有着特殊地位，他们完成了在直播平台上的结合，最终又将反过来促进直播平台的发展。图4-3所示为直播IP对直播和直播平台的影响。

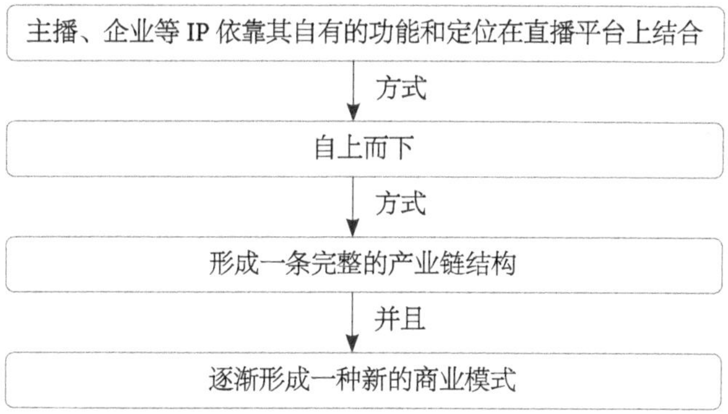

▲图 4-3 直播 IP 促进直播和直播平台发展的分析

037 关键任务：**完成融资 积累资金**

其实，在视频直播的发展中，直播平台是其中重要的一环。要想全面促进视频直播的发展，直播平台还应该具备多个方面的基础条件，如图 4-4 所示。

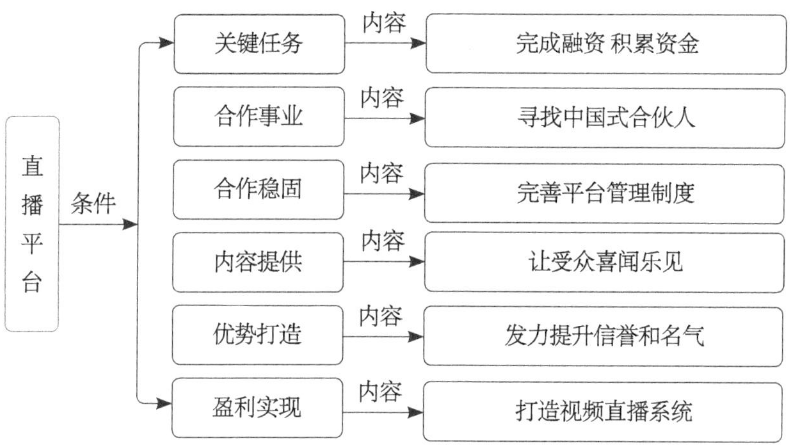

▲图 4-4 直播平台发展应该具备的条件

图 4-4 所示的 6 个方面内容是视频直播平台发展中不可或缺的基础条件。本节将具体介绍直播平台发展的关键任务，也就是怎样完成融资和积累资本。

说到资本，进行创业的运营者和营销者都有着诸多感悟，但他们无一不认同雄厚资本对创业的重要性。视频直播平台的创建和发展同样如此，可以说，积累资金是发展视频直播平台的必备条件，具体说来，主要表现在以下 3 个方面。

1. 直播创业的创意实践的基础

在直播平台的发展过程中，其创意实践是需要巨大的资金支持的。假如视频直播平台的创业者空有创意，而没有雄厚的资本作为支撑，那也只是一纸空谈，没有任何价值和意义。

直播平台的创业者只有在拥有了好的创意的同时又获得了资金积累的前提下，在具体的操作和不断的实践中发展起来才能顺理成章。可见，资金是将直播创业的创意付诸实践的前提和基础。

另外，从创意方面来说，积累资金还是检验其是否可行的必要条件。任何创意如果没有经过实践，都还只是创意。其可行性和利用价值还不确定。因此，只有有了雄厚的资金，才能去检验和具体判断创意，资金与创意的关系如图 4-5 所示。

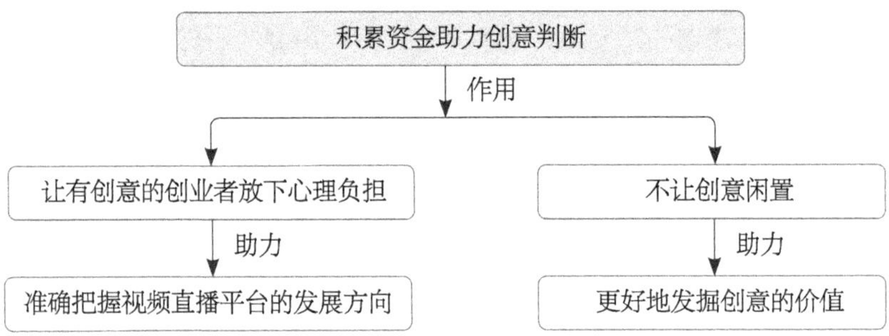

▲图 4-5 积累资金与创意的关系

2. 直播平台发展初期运行的保障

从发展的阶段来看，初期阶段是实现发展扩大的基础。当视频直播平台的创意已付诸实践并获得了检验时，其运营也就进入了发展的初期阶段。此时，资金的作用同样非常重要，且这一重要性的需求表现在多个方面，如图 4-6 所示。

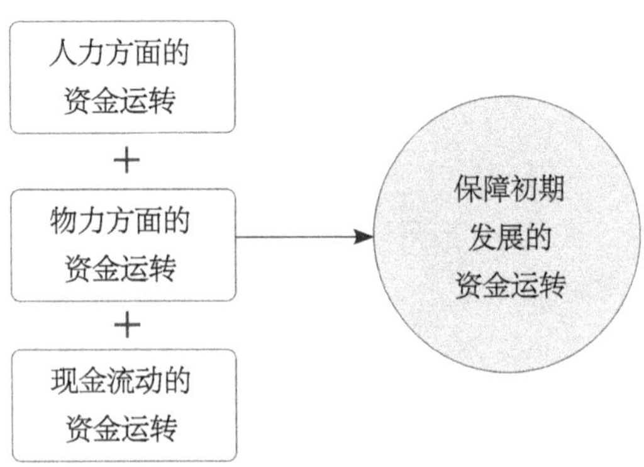

▲图 4-6 保障视频直播平台初期发展的资金运转介绍

从这一角度出发，各知名直播平台在发展初期阶段的投资就颇为可观，且随着时代的发展而呈现出大的增长趋势，特别是从直播的兴起到发展成熟，其投资的增长甚至高达 300%。

3. 直播平台进一步发展和转型的支撑

当直播平台的发展迈入新的发展或转型阶段时，完成融资、积累资金显得尤为重要。在这一阶段，可以从两个方面来分析平台的融资，具体如下。

- **可能性**：由于平台已经经过了实践的检验，发展的可能性得到了充分证明，此时，进行融资的基础实现了。
- **必要性**：平台要想获得进一步发展或进行转型，相比初期的小规模运营而言，该阶段有必要进行更大规模的融资。

因此，无论是从可能性还是从必要性来看，这一阶段直播平台的关键任务之一还是要进行融资、积累资金。目前，众多直播平台中已有一半以上完成了这一工作。图 4-7 所示为直播平台完成融资的案例。

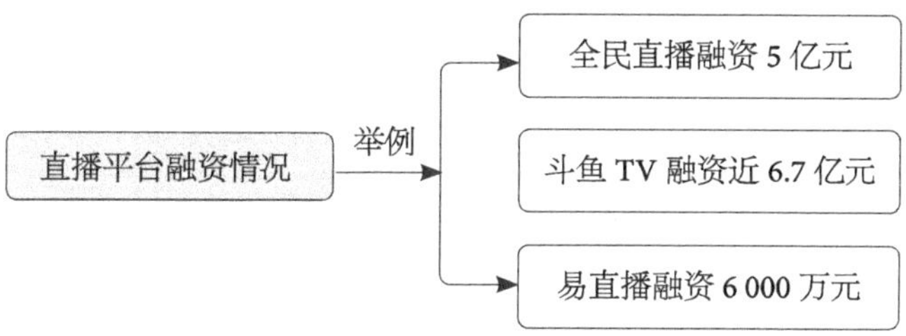

▲图 4-7 直播平台完成融资的案例

038 合作事业：**寻找中国式合伙人**

在电影《中国式合伙人》中，大时代下的成东青、孟晓骏和王阳基于同样的梦想，最后成功地创办了英语培训学校。该影片带给人们众多的感悟和思考，而其中关于中国式合伙人的顺利寻找也吸引了观众的目光。

那么，在视频直播的发展过程中，创业者应该怎样在合作事业中寻找合伙人呢？具体来说，可从以下两个方面考虑。

1. 共同的目标和价值追求

直播平台的合伙人拥有共同的奋斗目标和价值追求是实现合作的前提，同时也是决定合作事业能否成功的重要因素。只有当合伙人之间有着统一的价值观和奋斗目标，并在它们的指引下共同奋斗，才有可能在相互之间建立起契约精神，并实现合作事业的成功创立和发展。

如创办校内网的一批合伙人，在契约精神的支持下，集结骨干力量，创办了更为成功的美团网，这就是一个非常典型的例子。这里提及的“契约精神”有“一种商品经济社会中的合作精神”的含义，并由此派生了契约关系和内在的原则，具体如图 4-8 所示。

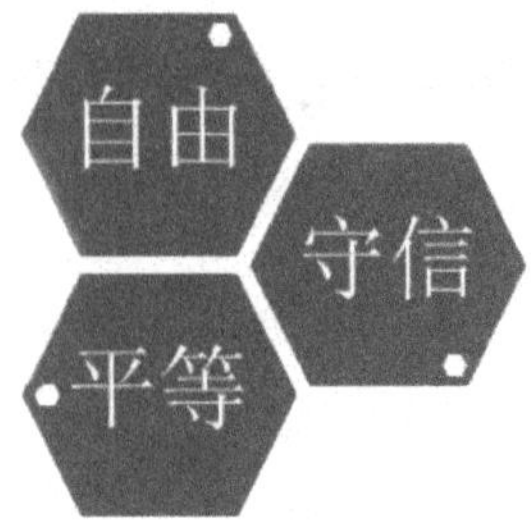

▲图 4-8 契约精神的契约关系和内在原则

2. 对合作需要考虑的因素

在两个或两个以上的人合伙创业的过程中，只有当各方合伙人有合作的需要时才能组合在一起进行合作，因此，基于合作的需要，寻找合伙人必然有一个明确的目标。一般来说，进行合作要考虑各方面的因素，如图 4-9 所示。

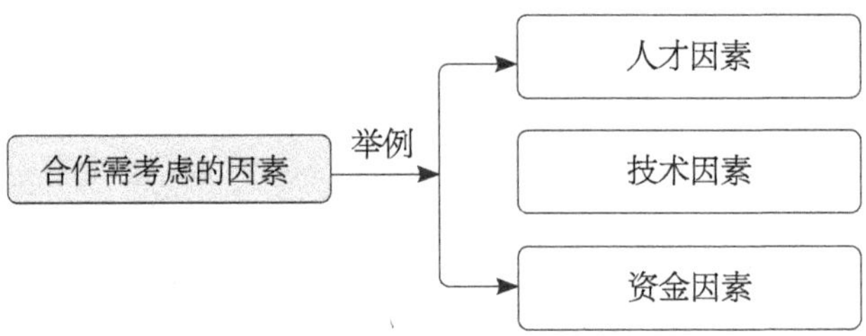

▲图 4-9 寻找合伙人需考虑的 3 个方面的因素

图 4-9 所示的寻找合伙人的 3 个因素，其根本还是基于合作事业的各方面的需要来决定的。

在这 3 个因素中，对资金和技术方面的合伙人的要求是单一的，即寻找的合伙人只要有雄厚的资金支持或平台所需的具有支撑力的专业技术，就完全可由一个合伙人承担。

拿资金来说，当寻找的合伙人有支撑平台发展的足够资金，而其又有着合作的考虑时，他就有可能是一个资金方面的合伙人。

而人才方面的合伙人不同，直播平台所需要的人才是多方面的，且每个人都有自己擅长和不擅长的领域，因此，要想集齐平台发展和运营所需的各方面人才，那么寻找的合伙人就会比较多。

039 合作稳固：**完善平台管理制度**

视频直播行业的发展是由 3 个方面支撑的，它们共同构成了行业发展的三脚架结构，如图 4-10 所示。

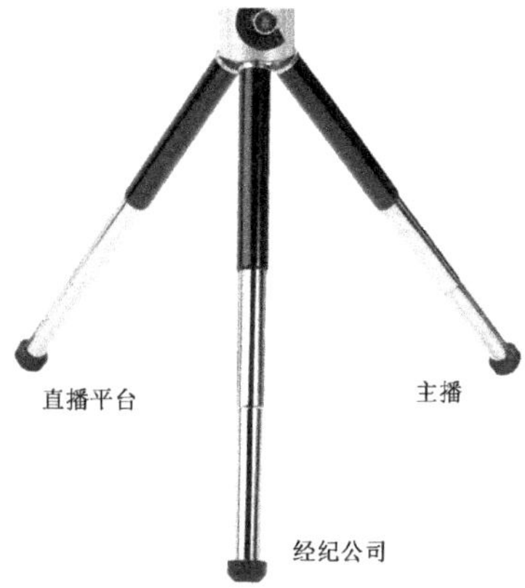

▲图 4-10 视频直播行业发展的三脚架支撑关系

在图 4-10 所示的三脚架支撑关系中，直播平台作为其中的核心之一，要想实现各方面关系的平衡和视频直播行业的平稳发展，就必须保证其自身的平稳发展。这一目标实现的基础在很大程度上取决于其管理制度的完善。

就视频直播行业组成的 3 个要素而言，利用完善的管理制度对平台进行管理，不仅会影响平台自身的管理，而且还能直接影响主播和经纪公司的管理，其作用表现在约束三者之间的行为，使之配合更加和谐，合作更加稳固。

那么，直播平台怎样才能构建起完善、正规的管理制度呢？具体分析如图 4-11 所示。

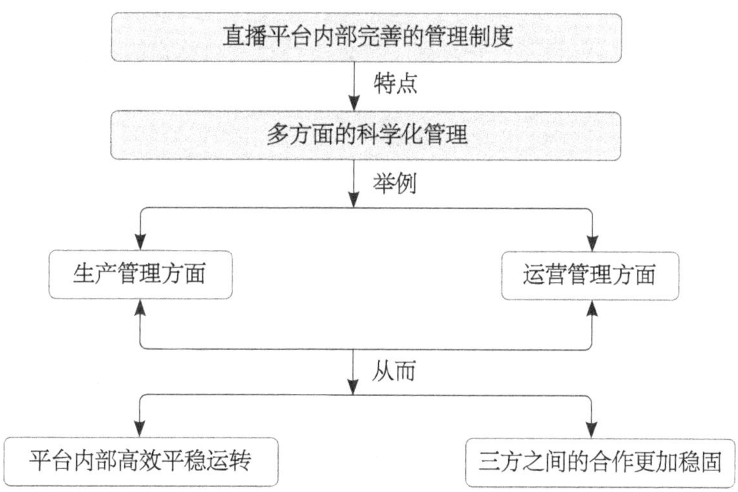

▲图 4-11 直播平台内部完善的管理制度构建分析

040 内容提供：**让受众喜闻乐见**

就直播平台而言，其最终吸引受众关注的还是直播内容的创造和提供，反过来，直播内容的呈现又能有效地提升平台在受众心中的形象。可见，直播平台与其内容之间的关系是相辅相成的，具体表现如图 4-12 所示。

关于直播内容的质量，受众一般会从两个方面做出判断，具体如下。

- 内容的精彩程度。
- 内容的类型表现。

从精彩程度方面讲，一个直播平台的传播内容必须具有一定的水平，或是在内容上有深度，或是在表现形式上有看点，或是其内容的主播具有非常大的人格魅力等，这些都是平台内容精彩的方面。

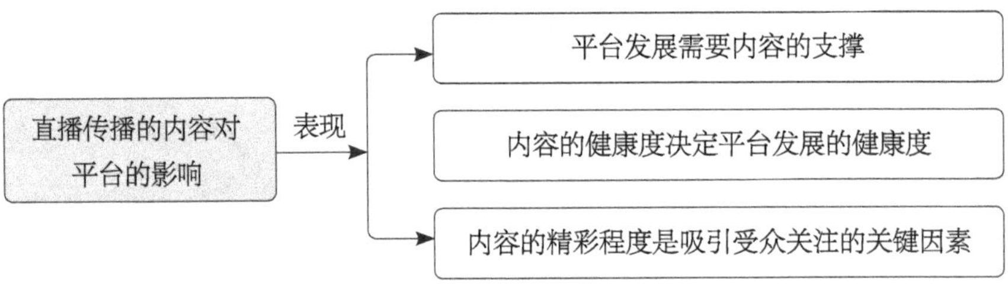

▲图 4-12 直播传播的内容对平台的影响

特别是在传播内容的深度上，假如在这方面有精彩的表现，那么必然是有着独特的观点，且这些观点还是言之有物、思之有理的，具有很强的说服力，能被受众接受和理解。

概括来说，这样的内容其核心就在于 3 个字，即“理”“节”和“奇”，具体表述如图 4-13 所示。

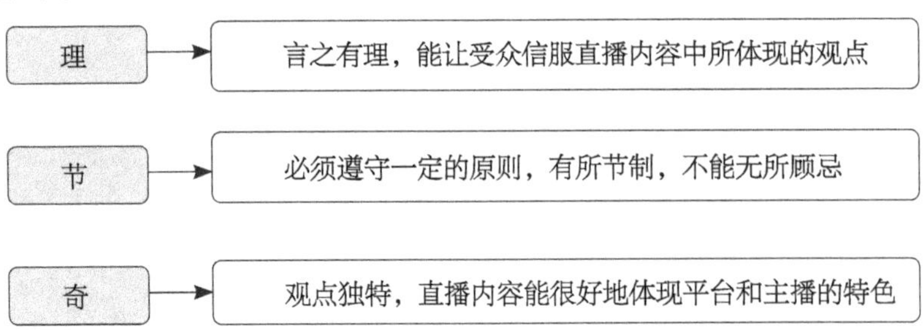

▲图 4-13 直播平台提供的内容的核心要求和表现

从内容的类型表现方面来说，直播平台所提供的内容要符合不同受众的需求，因而有必要改变平台单一的内容类型，而应该提供丰富多彩、类型多样的平台内容。

下面从 3 个方面进行介绍。

首先，受众喜闻乐见的是那些能给人娱乐和让人放松心情的直播内容，比如幽默、搞笑、演说和个人秀等类型的直播内容。

其次，受众还有可能基于既想放松心情又想学到某方面技能或知识的需要而关注直播，这种直播的内容类型也比较多，如游戏教程、摄影教程等，都是在大众娱乐的基础上加入了教程的内容，可谓一举两得。

另外，还有受众基于生活所需而关注的直播内容，如电商平台上的直播。这类直播平台提供的内容一方面满足平台营销的需要，另一方面满足受众更直观、真实地感受产品的需要。其中，淘宝直播就是比较典型的基于受众生活所需而进行的直播，其特色电商内容精彩纷呈，让人眼花缭乱。

041 优势打造：**发力提升信誉和名气**

一个直播平台要想获得稳定、快速的发展，就必须在其信誉和名气方面下功夫。因此，在推进直播平台发展的过程中，应该对这方面有一个清醒的认识，才能更好地实现发展目标，具体分析如图 4-14 所示。

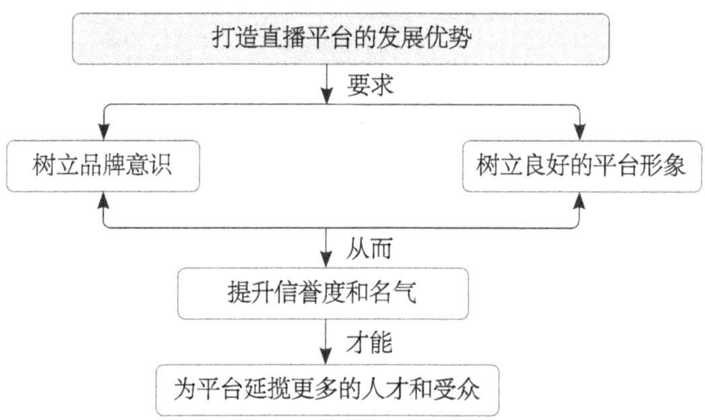

▲图 4-14 直播平台提升信誉和名气优势的打造

而平台要想获得高的知名度，首先可以基于知名的企业来进行直播平台的建设。在目前的众多直播平台中，那些知名的直播平台有很多就是如此。如我国知名的互联网企业和互联网综合服务提供商腾讯，就在其现有的互联网产品中植入了其自身的直播平台，如 QQ 空间直播、腾讯直播、企鹅直播、花样直播。图 4-15 所示为腾讯视频和 QQ 平台上的直播植入。

▲图 4-15 腾讯视频和 QQ 平台上的直播

腾讯除了在自身互联网产品上发展直播、充分发挥其直播平台的优势外，还积极投资其他直播平台，借助自身的知名度助力平台发展，斗鱼直播平台就是典型。

可见，当自身企业的知名度还不够时，可以采取吸引其他知名企业投资的方法来提升直播平台的知名度，从而提升信誉和名气，打造平台的发展优势。

042 盈利实现：**打造视频直播系统**

借助精湛的技术水平搭建视频直播系统，是直播平台实现盈利的方式和方法。直播平台上的用户要想获得好的直播效果，就要求其平台的视频直播系统是优良的，也就是说，两个方面都要有优质的服务，如图 4-16 所示。

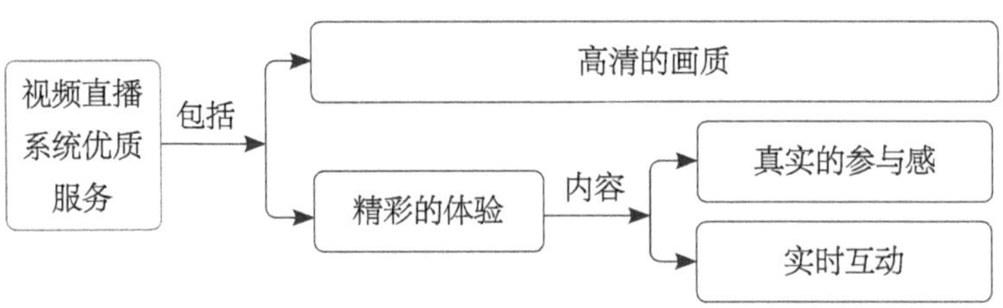

▲图 4-16 视频直播系统优质的服务内容

如果直播平台能为用户提供图 4-16 所示的服务内容，其在吸引受众的注意力方面将更加容易，这就使得更多的用户进驻和使用自己的直播平台，而这一切的最终原因就在于该直播平台拥有一个好的视频直播系统。那么，直播平台怎样才能搭建一个好的视频直播系统呢？

了解和掌握视频直播系统是首要任务，然后在此基础上应用视频直播技术或利用对外承包的方式来打造这一系统。一般来说，视频直播系统是由 5 个部分组成的，具体如图 4-17 所示。

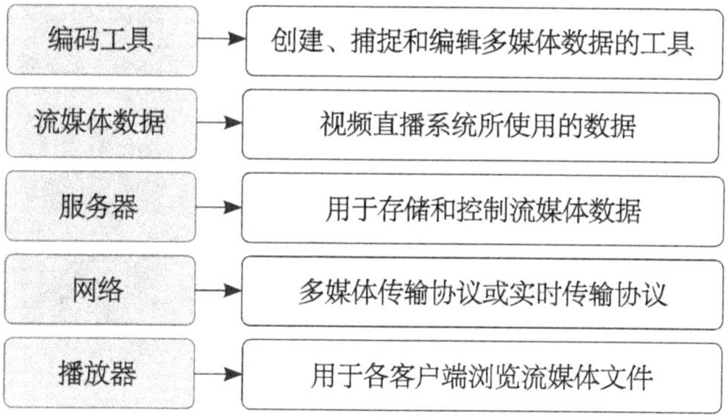

▲图 4-17 视频直播系统的组成部分

从视频直播系统的内部关系和地位来看，它又可以分为三大模块，具体内容如图 4-18 所示。

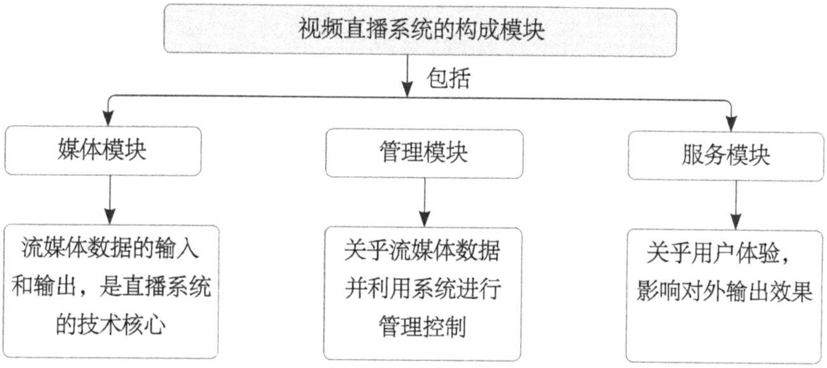

▲图 4-18 视频直播系统的构成模块

视频直播系统的五大组成部分和三大构成模块都是搭建该系统的核心要素。因而，在了解视频直播系统的基础上利用技术加以搭建，可以快速地完成其系统的打造，而直播平台则可以利用打造的系统吸引用户进驻，最终实现平台盈利。

043 融资 20 亿元：**借力布局“泛娱乐”**

斗鱼直播的主要内容以游戏为主，同时也兼顾了娱乐、体育等多种形式，如图 4-19 所示。

▲图 4-19 斗鱼直播的多种内容和形式

被称为“武汉互联网明星企业”的斗鱼直播是由风投公司红杉资本中国基金支持的一家初创企业，目前累计融资金额已经超过 20 亿元。2016 年的融资详情如图 4-20 所示。

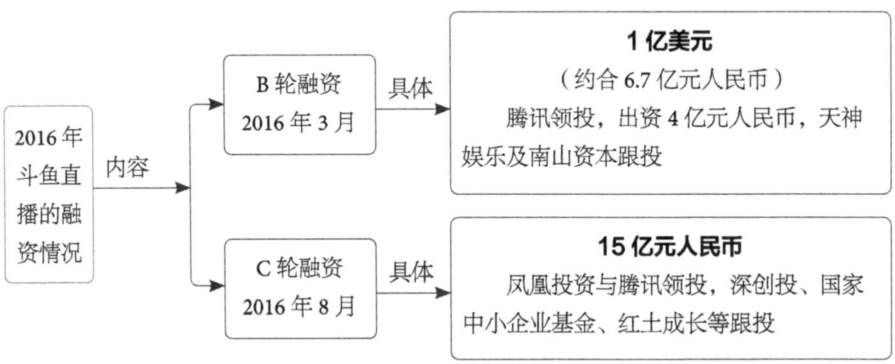

▲图 4-20 斗鱼直播平台 2016 年的融资情况

如今，直播平台已经逐步进入成熟期，好的平台也开始浮出水面，而一些运营不佳的平台也将被淘汰。在这种市场背景下，斗鱼直播通过融资获得充足的资金，得以发展，保持领先地位，更好地成长下去。

同时，斗鱼直播也在不断寻求新的商业模式，以突破现有的格局。例如，在“NSL 2016 星际争霸 II 国际邀请赛”中，斗鱼直播就推出了线上直播虚拟售票，并取得了不错的成绩。

此次商业模式的探索，作为行业标杆的斗鱼直播所取得的成绩表现在 4 个方面，称得上是名副其实的“一箭四雕”，如图 4-21 所示。

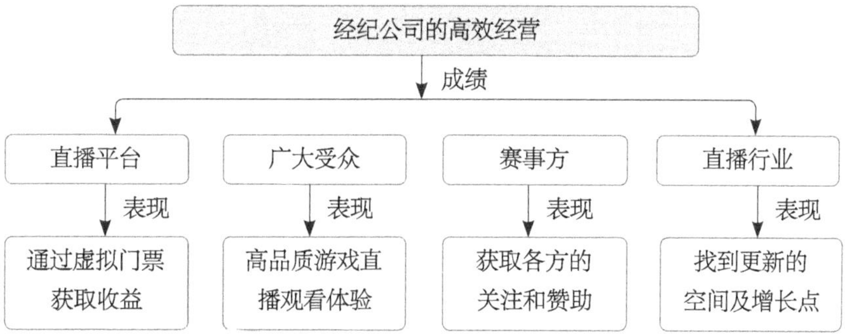

▲图 4-21 斗鱼直播探索线上虚拟售票系统模式的成绩解读

很明显，斗鱼直播正在借助资本的力量横向扩展更多的业务模式，布局“泛娱乐”模式，有效扩充了平台规模，合理运用各种资源来打造多元化的互联网内容，将更丰富的直播内容和优质的用户体验带给平台用户。

044 “素人直播”：**快速业内登顶**

“素人直播”就是普通人的直播。与明星、网红、名人不同，“素人”是未经任何修饰的纯天然的和你我一样的普通民众。“素人直播”的直播内容也以普通人的日常生活为主，如吃饭、上班、养花、逗狗等。这样的直播方式虽然看似单调无趣，但实际上为解决很多直播用户的孤单提供了很好的媒介。这样的直播门槛低，能引起很多普通人的情感共鸣，从而推动营销。

这一直播形式的兴起主要得力于移动终端技术的发展，更重要的是这一直播形式又在一定程度上促进了直播平台的发展壮大。

在直播平台“素人直播”的发展理念中，其核心和运营中心还是“全民直播”的实现，即为所有的普通人提供一个可以进行直播的环境。那么，直播平台是怎样在“素人直播”理念和实现“全民直播”目标的指导下快速发展壮大的呢?

具体来说，涉及该领域的直播平台主要在 4 个方面发力，如图 4-22 所示。

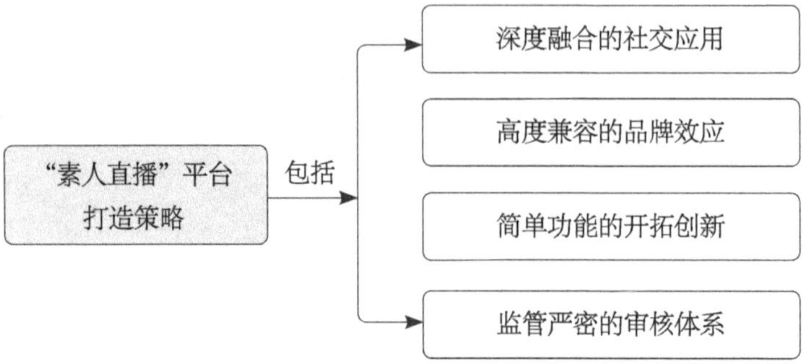

▲图 4-22 "素人直播"平台打造策略

对于图 4-22 所示的四大策略，下面将一一进行介绍。

1. 深度融合的社交应用

现有的直播平台不仅是一个直播平台，更是一个需要进行深度、多重融合的社交平台。所谓深度融合，即直播平台致力于通过"直播 +"概念的提出进行不同垂直领域的融合，彻底改变各行业的运营模式。而多重融合，即在行业深度融合的基础上还多了一重融合——不同平台之间的融合，在它们之间打造一个全新的社交应用平台。可见，直播平台的"全民直播"找准了社交方向这一切入点，在各方面协同的情况下来推进平台的发展。

2. 高度兼容的品牌效应

基于不同行业的深度融合，直播平台进行了各种打破同质化内容和跨界联合的尝试与实践，举例如下。

（1）与 CCTV 合作，在奥运黄金时段进行自身直播品牌的宣传，以一种全新的积极、正能量的态度来实现让品牌为更多人所了解的目标。

（2）与天猫合作，在"双十一"期间采取抢红包、"明星导购员"等方法进行营销宣传，为"直播 + 电商"模式的发展提供了成功的经验借鉴。

在进行跨界联合的同时，直播平台也促进了自身与各行业间影响的加大，从而使得其品牌效应无论在广度上还是深度上都有了很大的发展，推进了"全民直播"的发展进程。

3. 简单功能的开拓创新

在简单功能的开拓创新上，直播平台主要表现在两个方面，具体如下。

- **美颜直播：** 满足大多数在直播平台上进行初次体验的用户需求，为行业的发展提供了一个可以效仿的对象。
- **直播短视频：** 率先引入直播平台新功能——短视频功能和应用新技术——三连麦技术，来助推直播的发展。

就是这两种推动“全民直播”更快发展的简单功能，从用户需求的角度出发，让直播变得更加简单和容易。

4. 监管严密的审核体系

在业务监管方面，直播平台参照国家相关法律法规，制定了一套非常严密的监管体系，具体内容如下。

- 涉及审核流程和审核标准方面。
- 有规模近千人的内容审核团队。
- 7×24 小时连续审核在线内容。

在这样严密的审核体系下，各大直播平台的业务和内容质量有了很大保证。这种自律自检的监管体系，值得其他直播平台甚至互联网平台学习和借鉴。

045 内容延伸：**多模块激发全民娱乐**

花椒直播可以说是国内最早的直播平台之一，随着网络技术的发展，其内容与形式也在不断延伸。

在花椒直播官网首页的专题栏中，有诸如唱歌、跳舞、脱口秀、户外、游戏、城市之声等多个模块，具体如图 4-23 所示。

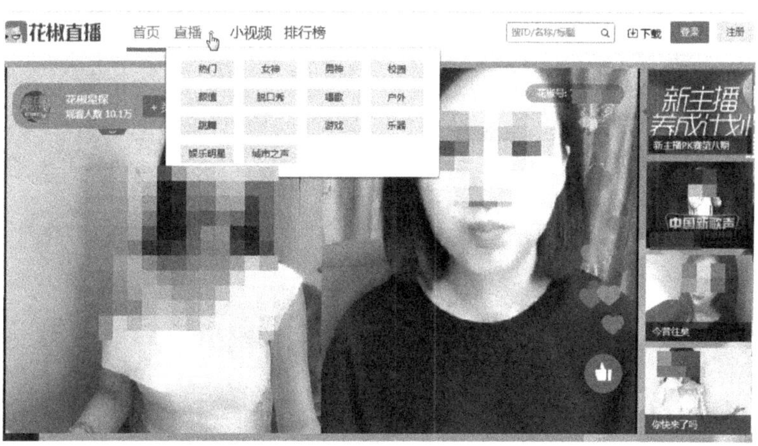

▲图 4-23 花椒直播首页

接下来向大家详细介绍上述模块中的几个典型代表，以使大家更了解花椒直播平台。

1. 脱口秀

脱口秀也称为“谈话节目”，主持人会策划一个话题来和观众讨论，经常通过广播和电视节目来播出。

在互联网平台中，以脱口秀为内容、形式而被人所熟知的人物比较多，如吉星（吉星开心秀）、汪涵与马可（越策越开心）、高晓松（晓松奇谈）等。

为此，花椒直播也重点推出了精彩的脱口秀直播栏目，集合了幽默搞笑的人气主播、段子手等来直播脱口秀。为了更好地把脱口秀节目进行下去，花椒直播推出了《舌战江湖》海选招募，如图 4-24 所示。

2. 乐器

在花椒直播平台的乐器模块下，有着多种乐器的主播演奏，能够满足不同兴趣爱好的受众的需要。更重要的是，它还打造了多个有影响力的有关乐器的直播节目，如竞技类的《乐圣争霸赛》、包含浓厚文化韵味的《听筝读诗》等。

▲图 4-24 《舌战江湖》脱口秀海选招募的推荐和宣传

以《听筝读诗》为例，它是一档在线直播的网络互动乐器演奏节目，在每周三晚上 19:00 准时播出。用户从花椒直播 APP 单击进入后，会看到如图 4-25 所示的页面。

▲图 4-25 《听筝读诗》接入界面

《听筝读诗》在充满诗意的主播间，利用“筝”这一古老的弹拨乐器，营造了一个宁静的氛围，远离喧嚣，为受众提供了一个心灵的栖息地，让受众在不知不觉中受到感染。

3. 游戏

对直播平台来说，游戏模块几乎可以说是标配。在花椒直播平台上，游戏也是其众多模块中的一个。而在游戏模块下，又推出了多个发展强劲的游戏直播活动和节目。

另外，为了推进平台游戏直播的发展，花椒也正在为招募或培养更多专业的、高水平的游戏主播而扩大宣传。

4. 城市之声

城市之声是花椒直播平台一个颇具特色的直播模块，不仅直播城市生活，也对各大城市的特色和社会环境进行介绍。图 4-26 所示为花椒直播平台的“城市之声”模块。

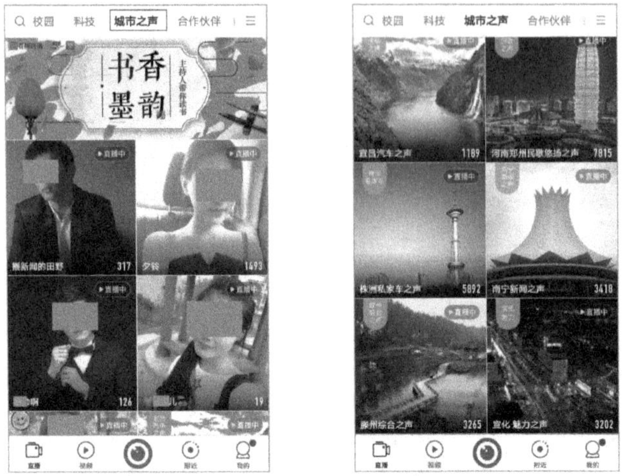

▲图 4-26 花椒直播的“城市之声”模块

在这一模块中，形形色色的城市生活和状况都可以通过直播的方式展现出来，极大地拓展和丰富了直播的内容，进而为在更大范围吸引更多受众关注、激发全民直播娱乐提供了便捷的途径。

例如，一档名为《书香墨韵》的直播节目，主播众多，因而其所涉及的书籍类型也是多方面的，如散文、诗歌、小说等，为不同类型的热爱文学的人们提供了一个更加简单、别样的阅读平台。图 4-27 所示为《书香墨韵》直播节目及其多样化的直播内容。

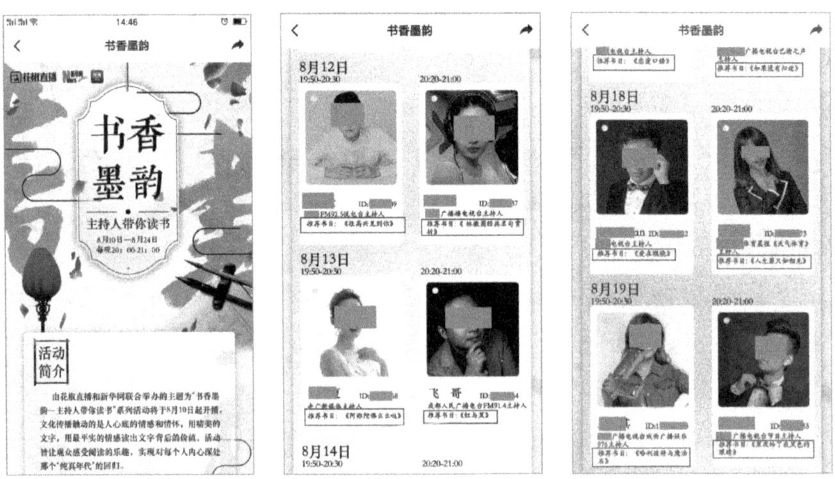

▲图 4-27 《书香墨韵》直播节目及其多样化的直播内容

046 体验提升：**推出 VR 直播专区**

随着直播的发展，各平台为了进一步提升受众体验和吸引受众关注，纷纷推出新技术和新设备，VR 直播就是其中一类。在网络直播的发展历程中，VR 直播的推出称得上是一项非常有意义的技术提升，而对于受众来说，VR 也是提升直播观看体验的重要措施。图 4-28 所示为 VR 直播在技术和提升体验方面的表现。

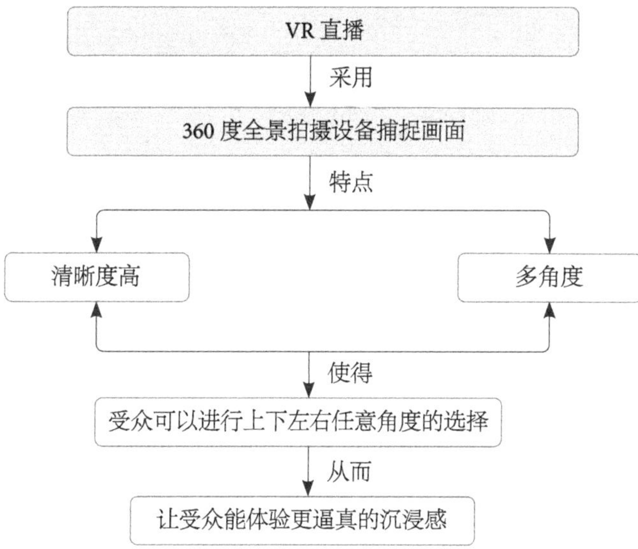

▲图 4-28 VR 直播在技术和提升体验方面的表现

基于此，许多直播平台都采用了这一直播技术，如微吼直播、花椒直播、玲珑直播、唯品会等。其中花椒直播在 VR 直播的应用道路上走得比较成功。2016 年 6 月，花椒直播平台在其推出的 VR 直播专区邀请了著名女星主播节目，成功吸引了 600 多万人关注。

温馨提示

对于花椒直播平台来说，推出 VR 直播的新玩法，并把它与阿尔法狗技术结合起来，创新了直播新功能——萌颜和变脸，让受众在观看直播的同时感受到平台的实力和优势。这对于提升用户体验和打响平台知名度有着非常重要的作用。

第5章

直播主播：人物IP是核心

学前提示 >>>

在视频直播中，主播是直接联系受众的组成环节，因此，他们的各种表现在很大程度上决定了直播能否吸引受众的注意。所以，怎样把主播打造成人物IP是直播发展过程中的重要内容。本章从这一点出发，进行具体介绍。

要点展示 >>>

- ◆ 高颜值：最大加分项，吸引关注
- ◆ 富才艺：广泛发展，留住用户
- ◆ 真专业：更多心血，更多收益
- ◆ 主播解说：专业素养成功聚粉
- ◆ 偶像气质：人格化魅力引热议
- ◆ ……

047 高颜值：最大加分项，吸引关注

在视频直播的发展过程中，主播作为其运营的重要元素之一，需要具备 3 个方面的必要条件，如图 5-1 所示。

▲图 5-1 主播要具备的必要条件

在图 5-1 所示的 3 个条件中，高颜值主播是直播平台和直播节目吸引用户关注的基础。这就有如当今网络信息中的各色软文标题：在企业进行软文推广时，要想获得高的点击量，撰写一个吸睛的软文标题是首要条件。

而直播形式中的主播颜值也是如此，因为对于一个受众眼里的陌生人和公众人物而言，外表显得尤为重要。

当然，除了先天条件外，主播还可以从 3 个方面加以努力来提升自身的颜值，如图 5-2 所示。

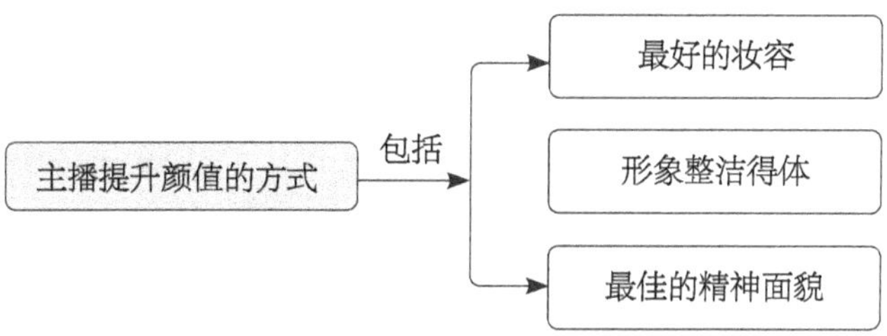

▲图 5-2 主播提升颜值的方式

对于图 5-2 中提及的 3 种提升颜值的方式，下面一一进行介绍。

1. 最好的妆容

在直播平台上，不管是不是基于提升颜值的需要，化妆都是必需的。相较于整容这类提升颜值的方法而言，化妆有着巨大的优势，具体如下。

- ◆ 从成本方面来看，化妆所需费用相对来说要低得多。
- ◆ 从技术方面来看，化妆所要掌握的技术难度也较低。
- ◆ 从后续方面来看，化妆所产生后遗症的风险比较小。

但是，主播的妆容也有需要注意的地方。在美妆类直播中，其妆容是为了更好地体现其产品效果，因而需要比较夸张一些，以便更好地衬托其效果。

而在美妆类之外的直播中，主播的妆容就应该考虑受众的观看心理，最好选

择容易让人接受且不会给人绝对视觉冲击的妆容。这是由直播平台的娱乐性特征所决定的。

一般来说，用户选择观看直播，主要目的是为了获得精神上的放松，让自己身心愉悦，因而这些平台主播的妆容也要能让人赏心悦目。为此，要选择既与平台业务相符又能展现主播最好一面的妆容。

当然，主播的妆容还应该考虑其自身的气质和形象，这才是根本。

2. 形象整洁得体

主播的形象整洁得体，这是从最基本的礼仪出发而提出的要求。除了上面提及的面部化妆外，主播形象的整洁得体还应该从两个方面考虑，一是衣着，二是发型。下面进行具体介绍。

从衣着上来说，主播应该考虑自身条件、相互关系和受众观感这 3 个方面，具体如图 5-3 所示。

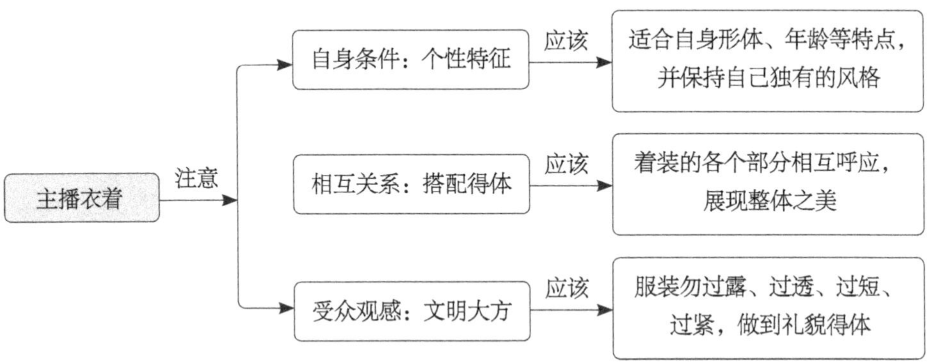

▲图 5-3 主播衣着整洁得体的体现

从发饰上来说，主播也应该选择适合自身的发型。如马尾，既可体现干练又能适当地体现俏皮活泼，是一种比较适用的发型。

其实，在现有的直播平台上，直发披肩和短发更受各大主播的喜爱。点击众多的直播平台可以发现，采用这两种发型的主播比比皆是，如图 5-4 所示。

▲图 5-4 主播的直发披肩和短发发型

3. 最佳的精神面貌

我们常说，自信、认真的人最美。从这一方面来看，人的颜值也受精神面貌的影响。加入直播平台的主播以积极、乐观的态度来面对受众，充分展现其对生活的信心，这一点也能在颜值上加分。

如果主播在直播时以认真、全心投入的态度来完成，也能让受众充分感受主播的这一特质，欣赏到主播的敬业之美，并由衷地感到信服。

048 富才艺：**广泛发展，留住用户**

要想成为一名具有超高人气的主播，在才艺方面有突出的表现也是不可或缺的，特别是对那些个人秀节目来说，这方面的水平尤为重要。有着一技之长的才艺是主播得以在直播平台晋升的阶梯，也是其赖以生存的重要因素。

在直播平台上，才艺所涉及的内容多种多样，既有为人们提供娱乐服务的舞、乐，也有帮助提升个人素养的书、画，更有基于现代社会的发展而出现的各种竞技比赛，其中比较常见的有 6 类，如图 5-5 所示。

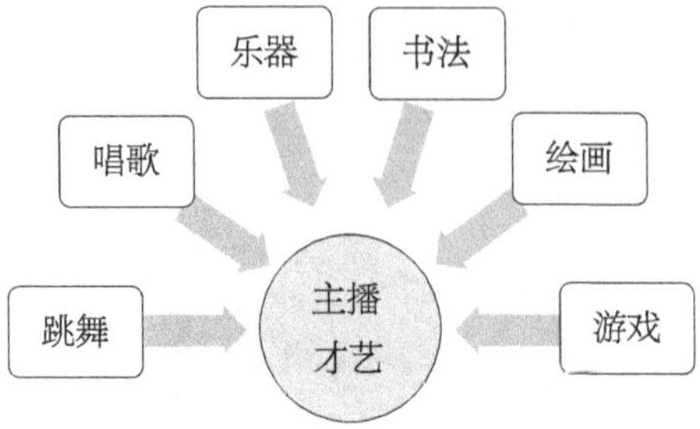

▲图 5-5 主播的常见才艺展示

在一般情况下，主播才艺水平的高低及其掌握的才艺种类都能影响用户的关注度。主播在某一方面有着惊人的才艺水平，或是精通各个方面的才艺，那么，他（她）就有了在直播平台发展的基础。图 5-6 所示为主播展现其乐器演奏的才艺。

▲图 5-6 主播才艺展示——乐器演奏

才艺水平高和广泛发展是主播获得关注的重要方面，然而，光有好的才艺还是不够的，还应该选择一个好的才艺展示的角度和切入方式。也就是说，必须从受众的喜好出发，实现其与直播内容的无缝对接。当然，这可以通过直播内容的展现形式来实现，具体分析如图 5-7 所示。

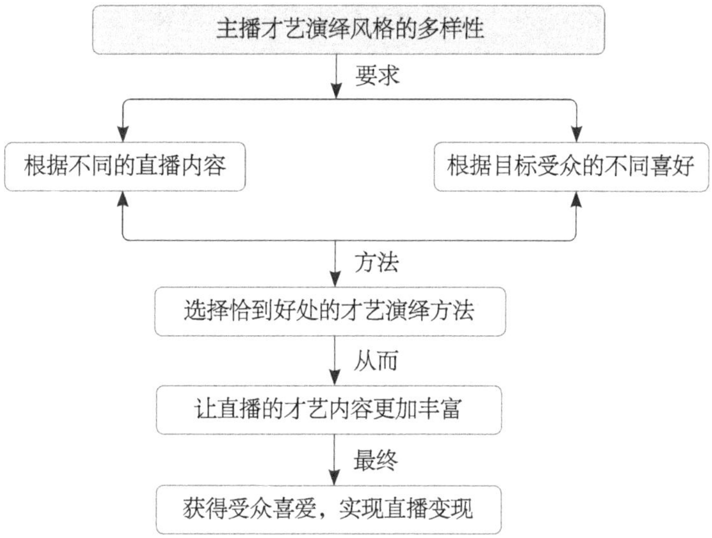

▲图 5-7 主播的才艺演绎风格的选择和目标分析

049 真专业：**更多心血，更多收益**

直播平台上的内容主要还是两个方面，一是才艺展示，二是专业技能展示。主播在拥有高颜值的情况下，假如在这两个方面没有一定的突出能力，那么仅仅基于颜值而吸引来的受众必将流失。

因此，在竞争日益激烈的直播行业，主播只有培育好自身的才艺水平或专业能力，才能在直播这片肥沃的土壤上扎根。下面从主播的专业能力角度进行具体介绍。

主播专业能力的体现，必须立足于主播做足了“功课”这一前提，只有这样才能得到受众的喜爱，从而获得收益和回报。具体应从 3 个方面来做足直播的“功课”，如图 5-8 所示。

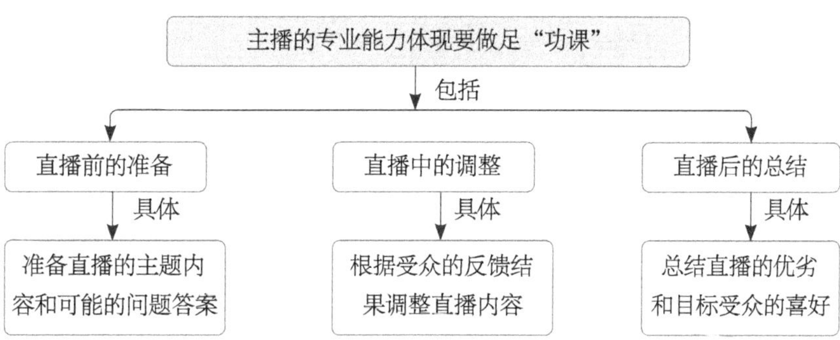

▲图 5-8 主播的专业能力体现要做足“功课”

下面一一介绍平台直播的主播在专业方面要做的“功课”。

1. 直播前的准备

在进行直播前，主播应该在直播内容及相关方面下功夫。对于每期直播的内容，主播都要有一个完整的方案，要直播什么，采取怎样的方式直播，这些都是要思考的问题。只有这样，才能体现直播的高质量和专业水准，才能提供给受众优质的直播内容。

另外，针对直播过程中受众有可能提到的问题，主播也应在直播前设想好——受众有可能提出什么问题，主播应该怎么回答。特别是在那些教学直播中，这方面的准备就显得尤为重要。

2. 直播中的调整

当主播做好了充分的准备，并让整个直播按照预定计划进行的时候，并不代表这一直播就是成功的。因为在直播的过程中还有与受众互动的环节，与受众的互动是极易出现变数的，而主播需要根据这一互动的反馈结果来适时做出调整，改变既定的直播内容和方向——根据受众的需求和喜好来随机应变，以期更好地赢得受众的喜爱。

3. 直播后的总结

一次完整的直播，总是既有好的方面，又有一定的亟须改善和解决的问题。而主播在直播后的工作就是对上述问题进行总结，在汲取经验教训的同时找准问题的关键所在，为下一次直播的顺利进行提供借鉴的基础。

050 主播解说：**专业素养成功聚粉**

“小苍 cany”是知名游戏解说、竞技选手，而且还曾经获得“Iron Lady 国际女子魔兽邀请赛”的第一、二届冠军。如今，“小苍 cany”主要专注于LOL 直播，图 5-9 为其微博主页。

▲图 5-9 “小苍 cany”的微博主页

2015 年 9 月 5 日，腾讯举行了 LOL 四周年表演赛，并由周杰伦和王思聪分别担任队长进行比赛，如图 5-10 所示。其中，周杰伦队就包括了担任 ADC 的“小苍 cany”。

▲图 5-10 LOL 四周年表演赛中的“小苍 cany”

在游戏解说中，“小苍 cany”凭借其个体 IP 的力量感染了一大批受众，如图 5-11 所示。

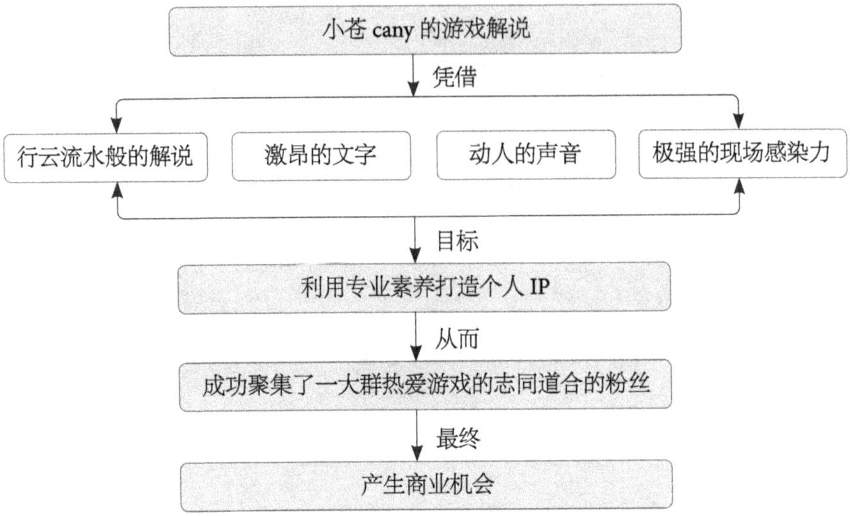

▲图 5-11 “小苍 cany”的游戏解说专业素养解读

051 偶像气质：**人格化魅力引热议**

在打造人物 IP 的过程中，创业者需要培养自身的正能量和亲和力，可以将一些正面、时尚的内容以比较温暖的方式第一时间传递给粉丝，让他们信任你，从而提升自己在他们心中具备人格化的偶像气质。

例如，2015 年年底，我国一位女歌手在微博上发布了一张吃汉堡的照片，来配合其新专辑的宣传工作。面对照片中的造型，粉丝们各有各的看法，一时间该造型被大家热议。

对此，女歌手在与粉丝互动中回复了“主！要！看！气！质！”，于是网友纷纷在照片下方“接龙”回复，如图 5-12 所示。

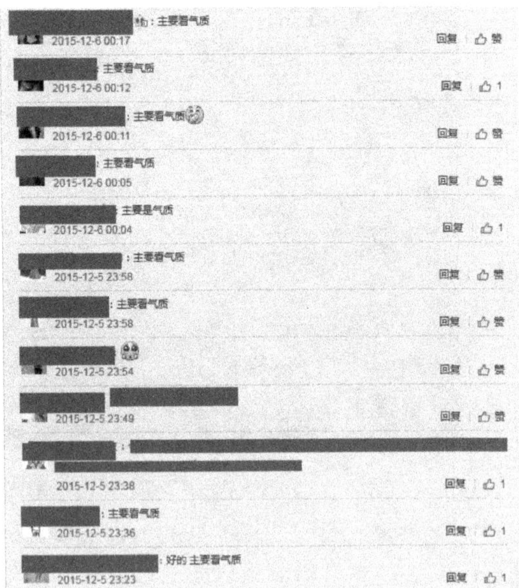

▲图 5-12 “主！要！看！气！质！”引发网友热议

而这一话题的热议并没有随着时间的过去而消逝，它已成为个人的人格化魅力所在和认识标签，成就了个人 IP，影响了很长一段时间。图 5-13 所示为“主要看气质”话题热议过后网友的关注内容。

有人说，在过分追求“颜值”的年代，“主要看气质”的流行蕴含着“正能量”。不过，对于互联网创业者来说，要想达到气质偶像的级别，首先还是要培养人格化的魅力，如图 5-14 所示。

俗话说“小胜在于技巧，中胜在于实力，大胜在于人格”，在互联网中这句话同样有分量。那些超级 IP 们之所以能受到别人的欢迎、容纳，其实这也从侧面说明他（她）具备了一定的人格。

▲图 5-13 “主要看气质”标签引发网友的持续评论和关注

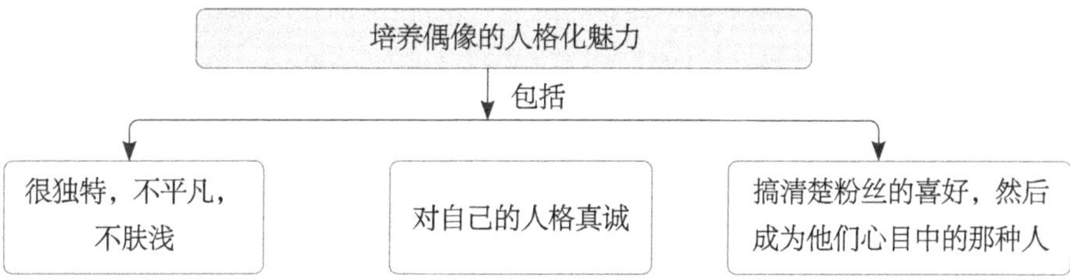

▲图 5-14 人格化特点的表现

052 平台扶持：**缩短粉丝变现途径**

要想成为直播主播，首先需要有一技之长，这样才能吸引网友关注。例如，美国男歌手查理·普斯（Charlie Puth）就是依靠唱歌这门才艺，从“网红”跨越到“真正的歌星”。

最开始，查理·普斯将自己演唱的歌曲发布到社交平台来吸引粉丝关注，聚集了一定的粉丝数量后便开始发表个人原创专辑。

2015 年 4 月，名不见经传的查理·普斯与美国著名说唱歌手维兹·卡利法（Wiz Khalifa）合作，推出了《速度与激情 7》的单曲《See You Again》，并且获得了“公告牌百强单曲榜”的冠军，如图 5-15 所示。

▲图 5-15 歌曲《See You Again》

查理·普斯通过自己的才艺，进行了一系列的“洗底”动作，比如制作节目主题曲，与多位歌星合作，写歌、监制，让自己从“网红”过渡到“真正红”。

当然，主播们除了自己拥有才艺外，还需要直播平台的扶持。这样才能完成从“网红”到“网红经济”的跨越，实现其名利双收的 IP 价值。视频直播过程中缩短粉丝变现途径的平台主要包括社交平台、网红经纪公司、供应链生产商或平台，如图 5-16 所示。

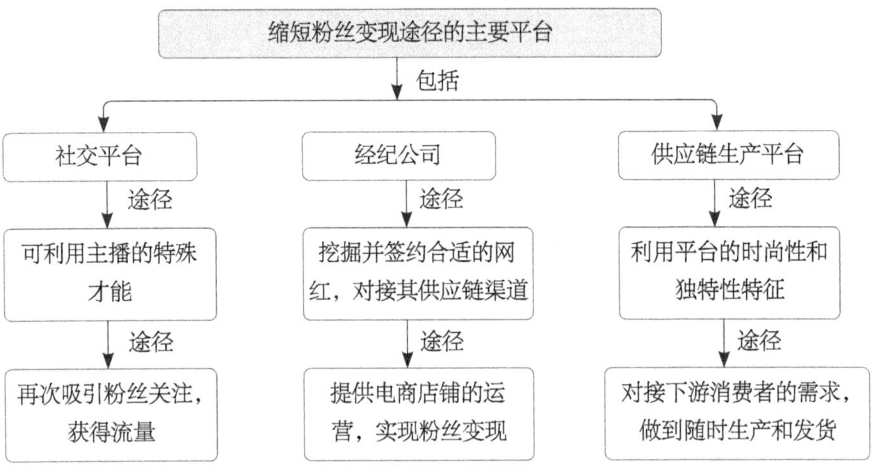

▲图 5-16 扶持主播缩短粉丝变现途径的主要平台

同时，这些平台也在相互渗透。例如，作为移动设计平台“领导者”的手机 QQ 也在一级菜单中推出了“直播”入口，如图 5-17 所示。

▲图 5-17 手机 QQ 的“直播”功能

这种改变使主播们实现了引流和内容发布等供应链的集中，进一步缩短了粉丝变现的途径。

可以发现，如今直播已经成为继 QQ、微博、微信等社交工具之后的互联网流量中心，主播们强大的粉丝黏性将为这些供应链平台带来更多的价值。

053 包装自己：**吸引更多粉丝关注**

在互联网中，普通人要想成名并不是一件简单的事情，如果找不到正确的“套路”，只是一味地想引人注目，所达到的效果必然难以持续。因此，每个直播创业者都需要根据自己的特点，选择适合自己的“套路”（即内容）来包装自己、表达自己，让更多的人看到自己的特色，从而关注自己。

在视频直播中，选择套路来包装自己，可以从 3 个方面着手，如图 5-18 所示。

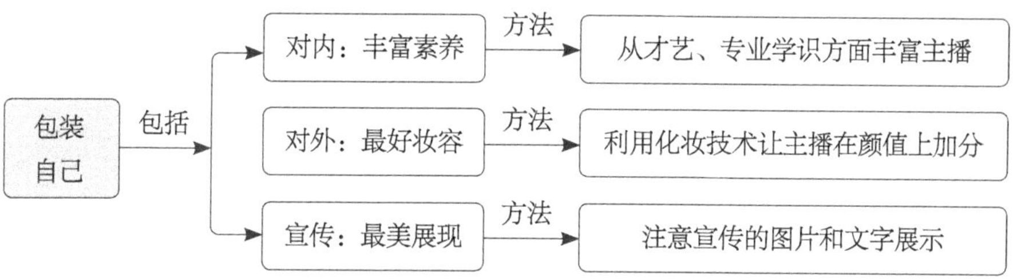

▲图 5-18 主播包装自己的途径选择

无论是对内的丰富素养方面还是对外的最好妆容方面，本章在开头已经做了介绍。下面将从宣传方面详细解说主播应该怎样包装自己。

从图片方面来看，一般的直播图片采用的是主播的个人照片，而要想引人注目，就要找准一个表现的角度——怎样才能更好地把直播的主题内容与个人照片相结合，做到相得益彰。

更重要的是，主播的长相是天生的，而作为主播宣传的图片不同于视频，它是可以编辑和修改的。因此，主播的照片也可以借用软件来进行后期修图。其中，“美颜相机”APP 就是一个不错的手机自拍应用，可以帮助用户一秒变美，效果非常自然，让照片中的人物肤质更白、更润、更透。

“美颜相机”APP 的一键美颜功能比化妆品还神奇，内置十多种美颜风格，用户可以任意选择。进入“美颜相机”APP 后，现场拍摄或从手机相册选择照片，然后单击“进入高级美颜”按钮，如图 5-19 所示。

进入高级美颜模式后，单击左下角的“一键美颜”按钮，即可快速美化照片；还可以左右滑动屏幕，切换美颜风格，让照片瞬间变漂亮，如图 5-20 所示。

需要注意的是，在宣传自己时不能单纯只靠颜值。美丽只是展示自己、吸引粉丝关注的第一步，在创造 IP 时还需要配合一些条件，将美貌与才华、正能量等结合在一起，这样才能发展得更长久。

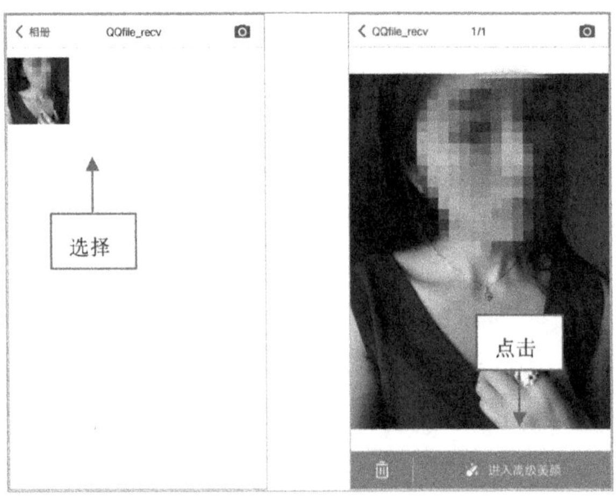

▲图 5-19 选择照片

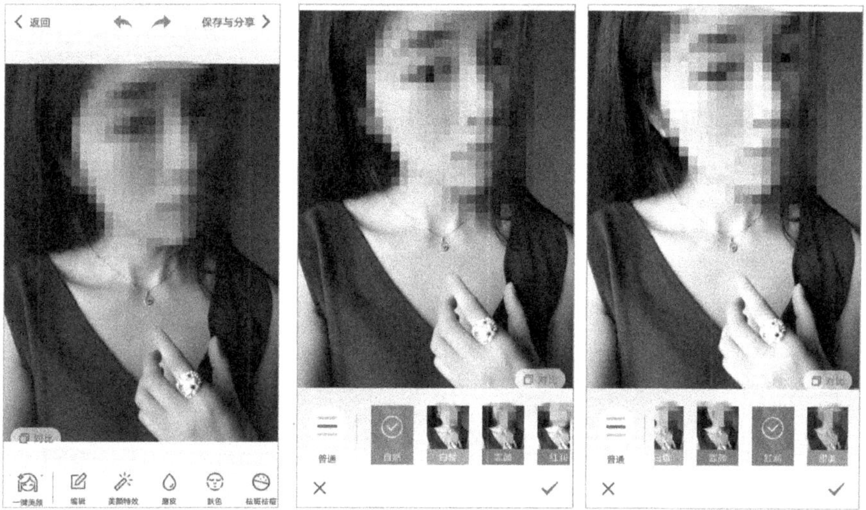

▲图 5-20 一键美颜

另外，从文字方面来说，也应该从两个方面努力，即宣传的标题和主播的名称，这是吸引受众点击的必要和基础条件。

在宣传标题上，为主播的直播主题取一个好的标题，再辅以主播的高颜值照片，那么其宣传带给人的第一印象必然是美好的。可以说，在设置好这两个最先接触受众的元素后，吸引受众的注意也就不难了。

在主播的名称上，为主播添加一个吸引人且能展现主播魅力的标签，是更全面地展现主播的重要内容。这样，不仅能更好地包装自己，还能让受众有一个清晰的理性认识，有利于打造富有影响力的形象 IP。

054 挖掘痛点：**满足不同用户的需求**

当主播 IP 开始崭露头角时，会初步获得一些粉丝，如何来巩固这些粉丝就是接下来要做的重要工作了。这时可以输出一些有价值的内容，以加强粉丝的忠诚度。

例如，在网络时代，文字的真实性越来越受到怀疑，而主打真实声音和视频直播的 APP 却开始流行起来。一个标榜微博式电台的名为“喜马拉雅 FM”的 APP 吸引了数亿人的目光，其依靠的就是真实的声音，利用声音作为内容给粉丝带来价值。

为了让用户更认可 APP，喜马拉雅 FM 推出了微博主题活动“对 1.2 亿人说”，如图 5-21 所示。

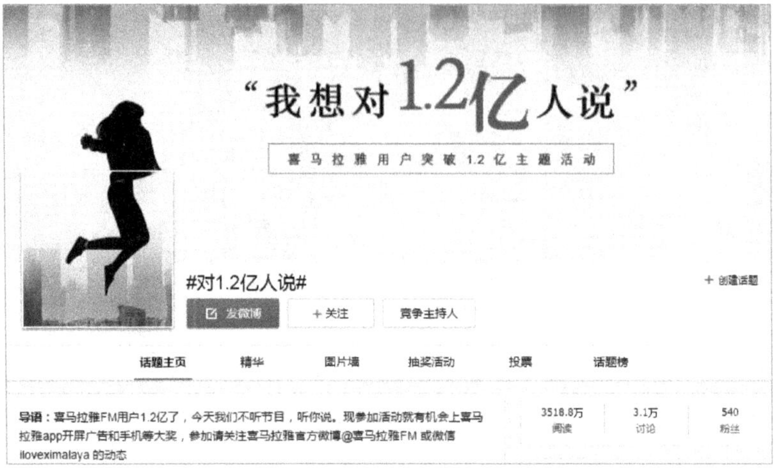

▲图 5-21 微博主题活动“对 1.2 亿人说”的相关界面

一个以用户为中心的微博主题活动吸引了 3 500 万的阅读量，充分体现了用户对真实声音的渴望。另外，从定位的角度来说，喜马拉雅 FM 为户提供了有声小说、相声评书、新闻、音乐、脱口秀、段子笑话、英语、儿歌及儿童故事等多方面的内容，满足了不同用户群体的需求。

在 APP 的功能上，喜马拉雅 FM 也以真实性的声音为中心。图 5-22 所示为喜马拉雅 FM 相关直播的宣传海报。

▲图 5-22 喜马拉雅 FM 相关直播的宣传海报

无论何时何地，主播 IP 的内容营销中最重要的一点就是聚焦用户的痛点，即他们最关心的问题、他们的兴趣点和刚需。创业者或企业可以从这些方面为用户带来更有价值的内容。

痛点是一个长期挖掘的过程，但是创业者或企业在寻找受众痛点的过程中，必须要注意 3 个事项，如图 5-23 所示。

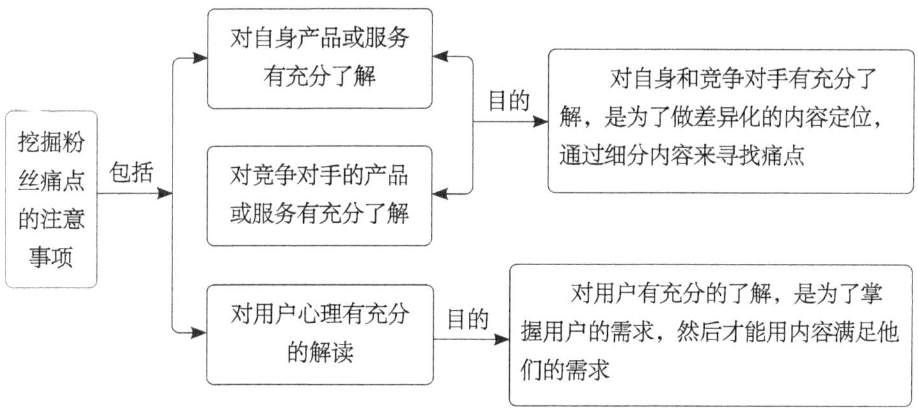

▲图 5-23 挖掘痛点的注意事项

那么，在主播 IP 的内容营销中，受众的主要痛点有哪些呢？本书总结为以下 7 点，如图 5-24 所示。

▲图 5-24 受众的主要痛点

创业者或企业在创作内容的过程中，可以以这些痛点为标题，吸引用户关注，并弥补用户在社会生活中的各种心理落差。

055 幽默培养：让粉丝又“笑”又“跳”

颜值虽然已经成为直播界的一大风向标，但要想成为直播界的大咖级人物，光靠脸和身材是远远不够的。

有人说，语言的最高境界就是幽默。拥有幽默口才的人会让人觉得很风趣，还能折射出一个人的内涵和修养。所以，一个专业主播的养成，也必然少不了幽默感。具体来说，培养幽默感可从 4 个方面加以考虑，如图 5-25 所示。

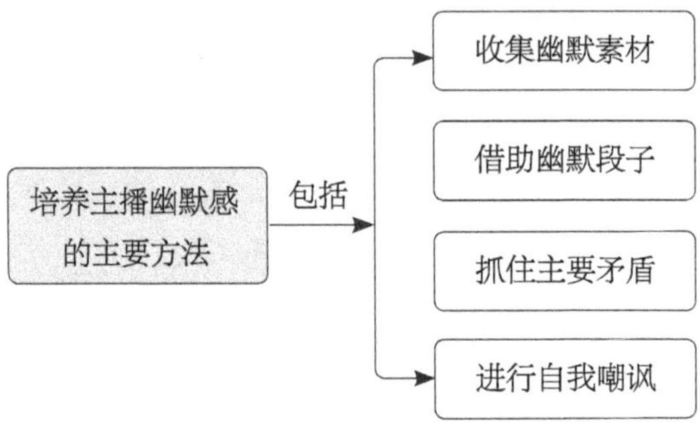

▲图 5-25 培养主播幽默感的主要方法

下面将对图 5-25 所示的 4 种培养主播幽默感的方法进行详细介绍。

1. 收集幽默素材

善于利用幽默技巧，是一个专业主播的成长必修课。生活离不开幽默，就好像鱼儿离不开水、呼吸离不开空气。学习幽默技巧的第一件事情就是收集幽默素材。

主播要凭借从各类喜剧中收集来的幽默素材，全力培养自己的幽默感，学会把故事讲得生动有趣，让用户忍俊不禁。用户是喜欢听故事的，而在故事中穿插幽默则会让用户更加全神贯注，全身心投入到主播的讲述之中。

温馨提示

例如，生活中的很多幽默故事就是由喜剧的片段和情节改编而来的。幽默也是一种艺术，艺术来源于生活而高于生活，幽默也是如此。

2. 借助幽默段子

“段子”本是相声表演中的一个术语。随着时代的变化，它的含义不断拓展，也多了一些“红段子、冷段子、黑段子”的独特内涵。

而段子作为最受人们欢迎的方式之一，也得到了广泛的传播和发扬。微博、综艺节目、朋友圈里将幽默段子运用得出神入化的人比比皆是，也赢得了众多粉丝的追捧。

幽默段子是吸引用户注意的绝好方法。主播要想培养幽默技巧，就需要努力学习段子，用段子来征服受众。

3. 抓住主要矛盾

当一名主播有了一定的阅历，对自己的粉丝也比较熟悉，知道他们喜欢什么或者讨厌什么时，就可以适当地“攻击”他讨厌的事物以达到幽默的效果。

抓住事物的主要矛盾，这样才能摩擦出不一样的火花。那么，主播在抓住矛盾、培养幽默技巧的时候，应该遵守哪些原则呢？本书总结为 6 点，具体如下。

- ◆ 积极乐观。
- ◆ 与人为善。
- ◆ 平等待人。
- ◆ 宽容大度。
- ◆ 委婉含蓄。
- ◆ 把握分寸。

总之，主播在提升自身幽默感时也不能忘了应该遵守的相关原则，这样才能更好地引导用户，给用户带来高质量的直播。

4. 进行自我嘲讽

讽刺是幽默的一种形式，相声就是一种讽刺与幽默相结合的艺术。讽刺和幽默是分不开的，要想获得幽默感，就得学会巧妙地讽刺。

最好的讽刺方法就是“自黑”。这样既能逗粉丝开心，又不会伤了和气。很多著名的主持人为了达到节目的效果，经常会进行自黑，逗观众开心。

在现在的很多直播中，主播也会通过这种自我嘲讽的方式来逗粉丝开心。如以一首《童话镇》火遍全网的主播陈一发儿，就经常在直播中自我嘲讽说：“我叫陈一发，身高一米八。”

自我嘲讽这种方法只要运用得当，效果还是相当不错的。当然，主播也要把心态放正，将自黑看成是一种娱乐方式，不要太过较真。

056 主播特色：**搞笑主播成为“人气王”**

“利哥”的本名叫于利，他从 2011 年开始进入网络并签约 YY 娱乐旗下的 520 公会。2012 年，“利哥”获得了“YY 年度金牌艺人的冠军”，同年还创立了 China 舞帝传媒。

2013 年，“利哥”又一次荣获了“YY 年度男金牌艺人冠军”，而且直播的订阅数突破 200 万，同时在线观看直播的人数突破 30 000，成为 YY 娱乐平台上不折不扣的“人气王”。

除了在直播领域一路披荆斩棘外，“利哥”同时还很关注慈善事业。2013 年雅安地震时，“利哥”还与 171 旗下的主播们共同赶赴雅安慰问并送去物资。

“利哥”的特色在于其幽默的直播风格。成功后的“利哥”开始整合自身资源和优势进军影视行业，并于 2015 年成立舞帝影视广告部，将主业集中在微电影、网络大电影等影视作品的制作与发行，同时还与爱奇艺视频网站合作。

例如，舞帝影视 2015 年 5 月推出的《岭城兄弟 2》，其中的演员都由公司旗下的主播来担任，同年 9 月在爱奇艺上线，点击播放已达到 760 多万，如图 5-26 所示。

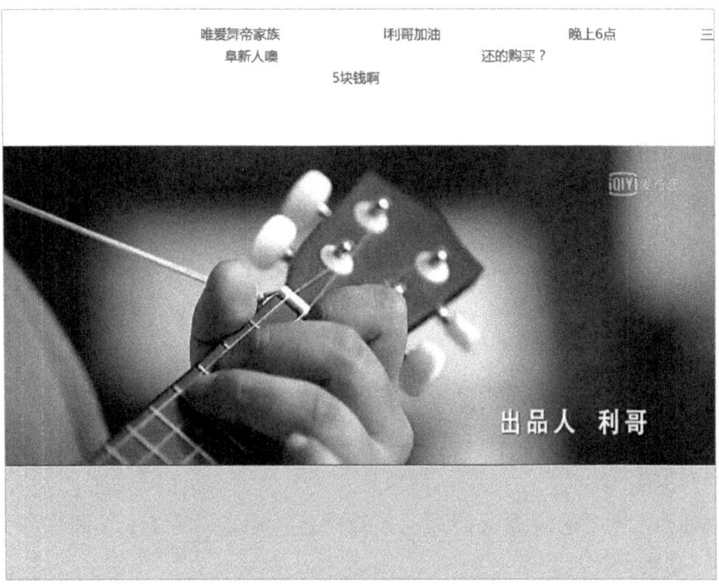

▲图 5-26 《岭城兄弟 2》在爱奇艺全网独播

继《岭城兄弟 2》后，“利哥”还拍摄了一系列的微电影与网络电影，如《岭城奇遇记》《岭城兄弟情》《老大驾到》《翻篇儿》《硬茬儿》等，同时还热衷于参加各种搞笑类综艺节目，如东方卫视的《笑傲帮》、安徽卫视的《超级大首映》等。

057 灵活应变：冷静机智获支持

直播和传统的节目录制不同，传统的节目通常可以通过后期剪辑来表现笑点和重点，而直播却要求主播具备良好的现场应变能力和丰富的专业知识。

一个能够吸引众多粉丝的主播和直播节目，仅仅靠颜值、才艺、口才还是不够的。直播是一场无法重来的真人秀，就跟生活一样，没有彩排。在直播的过程中，万一发生了什么意外，主播一定得具备良好的心理素质，才能应对种种情况。具体来说，可从以下两个方面进行分析。

1. 冷静应对突发事件

各种各样的突发事件在直播现场是不可避免的。当发生意外情况时，主播一定要稳住心态，让自己冷静下来，打好圆场，给自己台阶下。

比如，湖南卫视的歌唱节目《我是歌手》第三季总决赛直播时，就发生了一件让人意想不到的事件——著名歌手孙楠突然宣布退赛。消息一出，现场的所有人包括守在电视机前的观众都大吃一惊。

作为主持人的汪涵，不慌不忙地对此事做了十分冷静的处理。首先他请求观众给他五分钟时间，然后对这个突发事件做了客观、公正的评价。汪涵的冷静处理让相关工作人员有了充分的时间来应对此事。

而这个事件过后，汪涵的救场一事也纷纷被各大媒体报道，获得了无数观众的敬佩和赞赏，他对突发事件的处理方法值得其他同业人员大力学习。图 5-27 所示为“汪涵救场”的相关搜索。

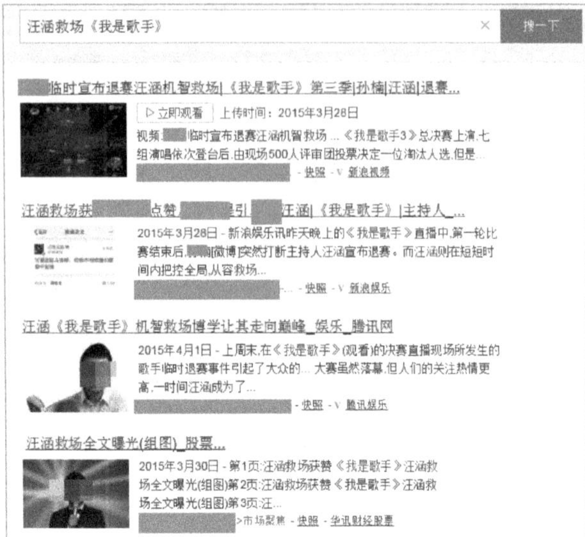

▲图 5-27 “汪涵救场《我是歌手》”的相关搜索

电视节目主持人和网络直播的主播有很多相似之处，主播在一定程度上也是主持人。在直播过程中，主播也要学会把节目流程掌控在自己手中，特别是面对各种突发事件时要冷静。主播应该不断修炼自己，多向汪涵这样的主持人学习。

2. 机智应对突然断讯

对借助手机做户外直播的主播而言，信号不稳定是常见的事情，有时甚至还会长时间没有信号。面对这样的情况，主播首先应该平稳心态，先试试变换一下地点是否会连接到信号，如果不行，就耐心等待。

因为有的忠实粉丝也许会一直等候直播开播，所有主播要做好向粉丝道歉的准备，再利用一些新鲜的内容活跃气氛，再次吸引粉丝的关注。

例如，美拍美食频道的主播“延边朝鲜族泡菜君”专门直播如何制作延边美食，他在直播的时候，使用的就是手机，因此常出现信号中断的问题。图 5-28 所示为“延边朝鲜族泡菜君”的直播视频案例。

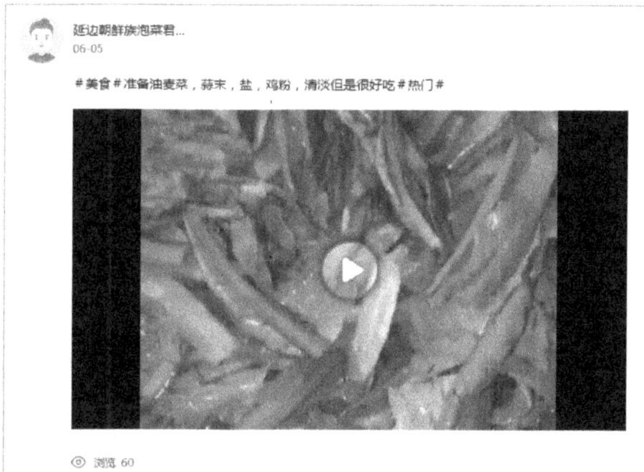

（1）

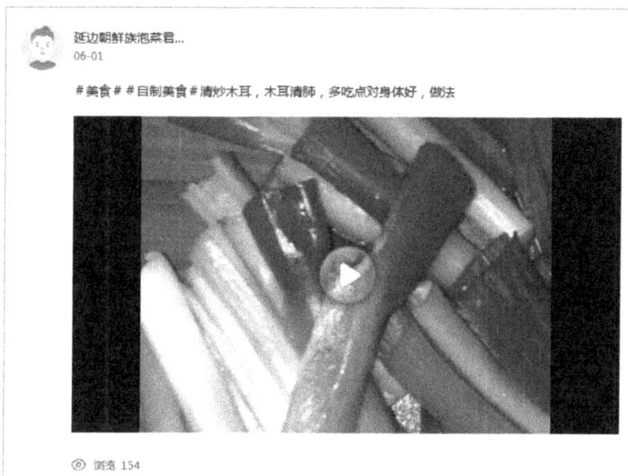

（2）

▲图 5-28 “延边朝鲜族泡菜君”的直播视频

有一次，“延边朝鲜族泡菜君”在直播过程中信号突然中断，因为当天家里的 Wi-Fi 出现了故障，主播调整了 1 分钟的 Wi-Fi 还是没能恢复正常。为了让用户能够继续观看直播，记录美食的制作过程，该主播用移动数据进行了近半小时的直播。尽管这次直播耗费了主播的不少流量，但粉丝都对他的行为感到很温暖。“延边朝鲜族泡菜君”坚持做完直播，就是为了给用户一个完整的体验，很好地照顾了粉丝的心情。

“延边朝鲜族泡菜君”面对突然失去信号的反应值得每个主播学习，这样也避免了直播突然中断的尴尬。如果实在不行，就耐心等待，随后真诚地向粉丝道歉。

058 生活直播：正能量带来情感共鸣

对于“90 后”女孩谭洁来说，直播似乎变得更加简单，吃饭、逛街、坐公交、买衣服等成了她主要的直播内容。每天下午 2 点到 4 点，谭洁都会用自拍杆举着手机在武汉到处逛，直播自己的日常生活，并以此吸引了 3 万多人在线观看她的直播，如图 5-29 所示。

▲图 5-29 谭洁直播的日常生活画面

在直播过程中，谭洁注意到网民们非常喜欢正能量的内容。例如，在春节期间，谭洁在逛街直播时遇到一个老奶奶在路边擦鞋赚钱，此事得到了粉丝们的密切关注，纷纷让她给老奶奶一些钱。然而，谭洁并没有直接给钱，而是主动让老奶奶擦鞋，并支付了一些劳务费给老奶奶。

谭洁表示：“老奶奶既然上街擦鞋挣钱，肯定是想靠自己的劳动而不是别人的施舍来生活，直接给钱是对老奶奶的不尊重。”她的言行再次获得了粉丝们的赞赏。

将快乐、积极、真实的生活内容展示到网络中，谭洁只用了 3 个月的时间便获得了 13 万粉丝的关注，而其在直播平台上的月收入也近两万元，对于一个新的直播主播来说，这算是比较成功的。

温馨提示

毫无疑问，正能量是新时代下最有效的一个内容特色，将主播 IP 或品牌加入正能量元素，或者以“爱”为名义、以“奋斗”为目标，这些都能引起粉丝精神上的共鸣。

第 6 章

内容为王：
解决需求才是真营销

学前提示 >>>

直播首先是一种内容呈现形式，因而在内容方面的呈现就显得尤为重要。那么，什么样的内容才是好内容呢？从营销方和用户的角度来说，能满足营销方的营销需求和用户的关注需求才是本质要求。本章就从直播的内容出发，对直播营销进行阐述。

要点展示 >>>

- ◆ 明确传播点和注意真实性
- ◆ 确保直播内容的原创性
- ◆ 从专业和用户兴趣入手
- ◆ 把握热点话题占先机
- ◆ 全过程结合产品主题
- ◆ ……

059 明确传播点和注意真实性

随着视频直播行业的发展，内容模式基于企业和受众的需求也发生了巨大变化，在直播内容的准备和策划方面也开始要求明确内容的传播点和注意内容的真实性。只有这样，才能策划和创作出更好且更为受众关注的直播内容。下面对上述两个方面的要求进行具体介绍。

1. 明确内容传播点

最初的直播更倾向于个人秀和娱乐聊天的内容模式，当直播迅速发展且竞争加剧时，就要对直播内容有一个明确的定位，且要选择一个能被受众理解和掌握的直播内容传播点。也就是说，在直播过程中，要有一个类似文章中心思想的东西存在，而不能只是乱侃一气。

直播内容的传播点不仅要凝聚一个中心，把直播的观点和内容精练地表达出来，还要让受众对直播有一个清晰的认识，这有利于主播知名度和形象的提升。

一般而言，所有的直播都有一个明确的信息传播点，只是这个传播点在界定和选择的方向上有优劣之分。在直播策划和运行中有一个明确的好的信息传播点呈现，那直播节目也就成功了一半。

在《我在陪伴你》直播节目中，主播甄珍、禾子传递的信息点就非常明确，即直播各种各样的真情故事，用故事来陪伴受众，并让他们从中感受到真情相聚的温暖。

2. 注意内容的真实性

直播是向受众展示各种内容的呈现形式，尽管是通过虚拟的网络连接了主播和受众，从内容上来说，真实性仍然是其本质要求。当然，这里的真实性是建立在发挥了一定创意基础上的真实。关于直播内容的真实性，具体分析如图 6-1 所示。

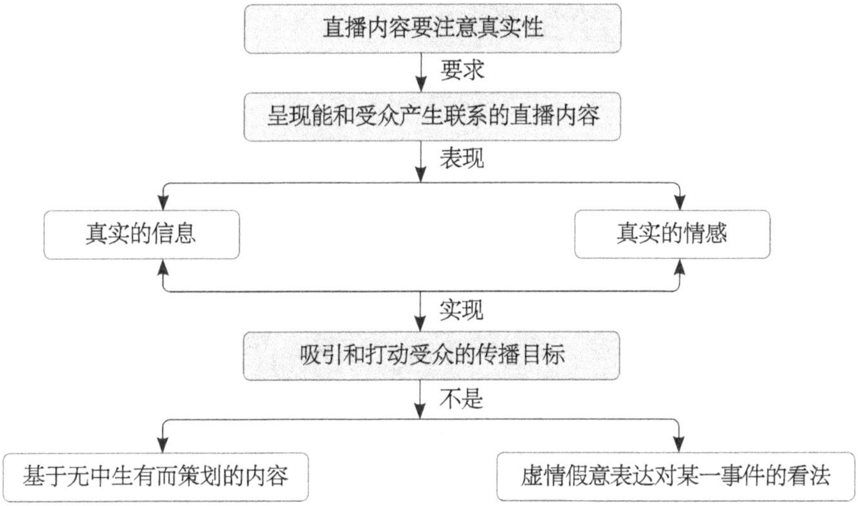

▲图 6-1 注意直播内容的真实性要求

对于直播内容需具备的必要特质，在此以一个户外节目《一鸣游记》为例进行介绍。《一鸣游记》是花椒直播平台上推出的节目，全程直播各地的旅游经历。

这一直播节目不仅会直播出发前往的行进历程，如图 6-2 所示，还会在直播中呈现旅游目的地的风景、人文，如图 6-3 所示。另外，主播在直播过程中还会对旅游所见所感进行描述。可以说，能让受众感受到直播内容的真实，就好像自身也同主播一起经历了这次旅行一样。

▲图 6-2 直播前往的行进历程

▲图 6-3 直播目的地景观

060 确保直播内容的原创性

有着即时性和真实性的直播内容，还要确保内容的原创性。首先，从内容本身来说，无论是什么样的内容，只要没有经过创作者允许进行利用和转载，就存在触犯法律的问题。而从直播模式和内容主题两方面来说，芒果 TV 的自制综艺直播节目——《完美假期 第二季》就在原创性方面有着突出表现，如图 6-4 所示。

▲图 6-4 芒果 TV 直播《完美假期 第二季》

接下来就以《完美假期 第二季》为例介绍其原创性的主要表现。

1. 直播模式方面

《完美假期 第二季》采用的是“直播 + 点播”的模式，全面诠释了直播 2.0 新玩法，具体内容如下。

- 24 小时全天直播。
- 90 天超长待机。
- 360° 全景拍摄。
- 平台全终端覆盖。
- 用户互动超强。

更重要的是，在“直播 + 点播”模式下，其直播有了大胆创新，即推出了“24 小时直播 + 一周双播”与双大牌点播渠道模式。这不但开拓了新的模式，而且还产生了巨大的效益——吸引了广大年轻受众的关注，为平台带来流量，还积极探索了新的品牌内容营销模式。

另外，《完美假期 第二季》还利用多种技术打破了传统节目的制作模式，开创了一种“直播 + 网生综艺”的模式，最终实现了提高用户黏性的目标。如图 6-5 所示为《完美假期 第二季》的“直播 + 网生综艺”模式的新技术应用。

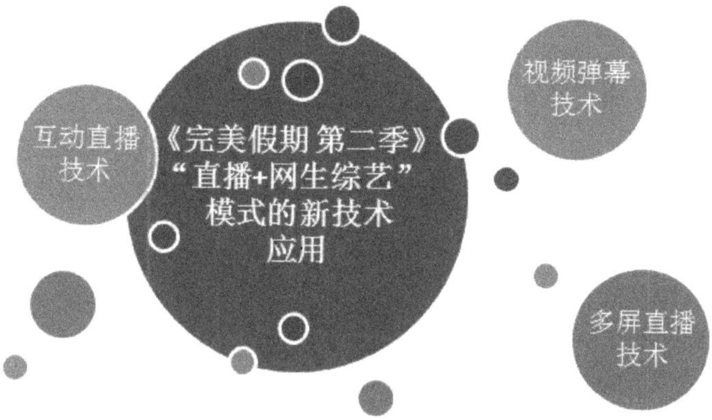

▲图 6-5 《完美假期 第二季》"直播 + 网生综艺"模式的新技术应用

2. 主题内容方面

《完美假期 第二季》在主题内容方面的原创性集中表现在3个方面，如图6-6所示。

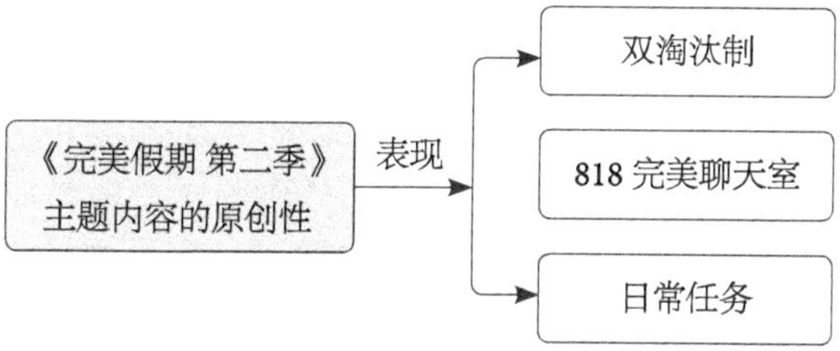

▲图 6-6 《完美假期 第二季》主题内容的原创性表现

图 6-6 所示的 3 个方面全是主题内容制作方面的创新，是这一直播综艺节目中原创玩法的重点内容。在此以《完美假期第二季之 818 完美聊天室》为例进行详细介绍。

《完美假期第二季之 818 完美聊天室》是《完美假期 第二季》中的 15 位房客为拉票圈粉而在每晚 20 时 18 分进行直播互动的节目内容，如图 6-7 所示。

通过上述诸多方面的直播内容安排，让 15 位房客之间以及房客与受众之间的联系变得更加紧密。

▲图 6-7 《完美假期第二季之 818 完美聊天室》

061 从专业和用户兴趣入手

在视频直播迅速发展的环境下，为什么有些直播节目的受众数量非常多，有些直播节目的受众又非常少，甚至只有几十人。其实，直播节目受众数悬殊的主要原因包括两个方面，一是对内的内容专业性，二是对外迎合用户兴趣。这两个原因之间有着紧密联系，在直播中相互影响、互相促进，共同推进直播行业的发展。

下面对这两个原因分别加以详细介绍。

1. 对内：内容的专业性

就当前视频直播的发展而言，个人秀场还是一些新人主播和直播平台最初的选择，也是最快“入行”和最容易实现的直播选择。在这样的直播环境中，平台和主播策划的直播内容应达到什么样的专业性要求呢？对这一问题，可以从两个角度考虑，具体如下。

◆ 基于直播平台专业的内容安排和主播本身的专业素养，直播主播擅长的内容。

◆ 基于用户的兴趣从专业性角度对直播内容进行转换，直播受众喜欢的专业性内容。

从第一个角度而言，其专业性内容一般是指与过去的秀场直播完全不相关的内容，如教育、医疗等专业领域的内容。在此主要从第二个角度来进行介绍。

直播平台在选择内容时，可以基于现有的平台内容和受众需求创作用户喜欢的直播内容。在秀场直播中，用户会表现出倾向某一方面喜好的特点，平台就可以从这一点出发，找出具有相关性或相似性的主题内容。这样就能在吸引用户注意的同时，增加用户黏性。

例如，一些用户喜欢手工艺品，那么，这些用户就极有可能对怎样制作手工艺品感兴趣，因而可以考虑推出介绍专业技能的直播节目和内容，实现直播平台上用户在不同节目间的转移。

而与手工相关的内容又比较多，既可以介绍手工的基础知识和历史，又可以让用户边欣赏边跟着做，还可以从手工制作领域的某一个点出发来直播。图 6-8 所示为一个直播平台上的与手工相关的节目。

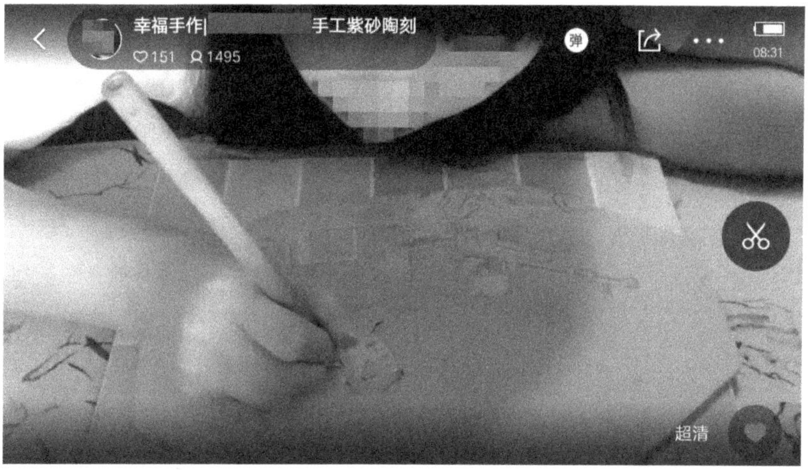

▲图 6-8 与手工相关的直播节目

2. 对外：迎合用户兴趣

直播节目是展示给受众的一种对外的内容表现方式。因此，在策划和制作直播节目时，除了其专业性，最重要的还有其与用户兴趣的相关性。一般而言，用户感兴趣的信息主要包括 3 类，具体如图 6-9 所示。

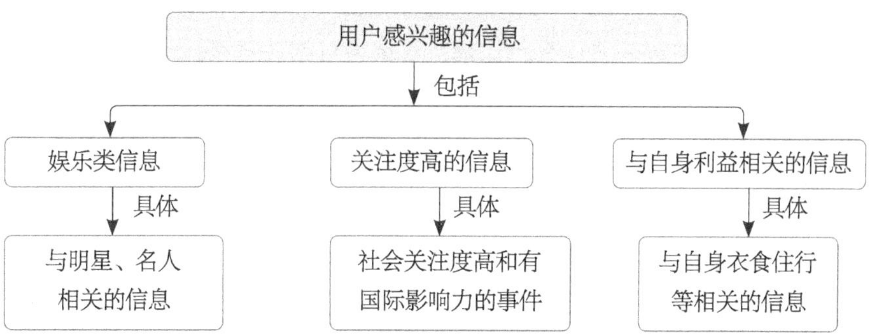

▲图 6-9 用户感兴趣的信息

从图 6-9 中用户感兴趣的 3 类信息出发来策划直播内容，既可以吸引受众的注意力，又可以为节目的直播增加成功的筹码。

从与用户自身利益相关这一角度出发，还可以把用户感兴趣的信息内容考虑进去。如女性受众一般会对一些综艺节目感兴趣，而男性受众往往会对足球、篮球、台球等球类运动感兴趣，由此可以发现，直播平台上关于这些方面的直播内容也比较多，如图 6-10 所示。

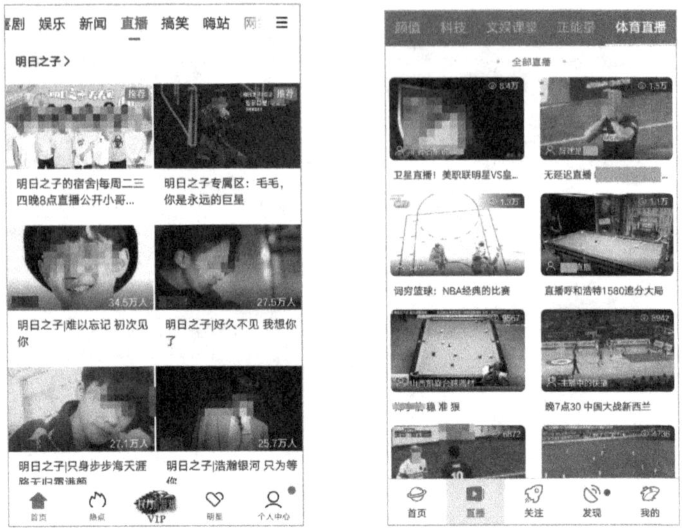

▲图 6-10 与用户兴趣爱好相符的直播内容举例

062 把握热点话题占先机

在当前信息大爆炸的环境中，热点总是与大量的关注和流量联系在一起的。因此，营销运营人员在策划直播内容时应该准确把握时代热点。

在直播营销中把握热点来创作直播内容要做到两点：一是找准热点，二是根据热点策划直播。下面分别加以介绍。

1. 找准热点

热点就是在各平台、各领域吸引绝大多数人关注的流行信息。比如，每年的六、七月份，高考就成了一个热点。又如每四年举办一次的奥运会也是热点十足。

就拿2016年8月来说，里约热内卢的奥运会就是热点。一时间，各种关于奥运、冠军和奥运产品的消息不断刷屏。而企业营销和运营者要做的就是找出与自身产品结合的热点。如蚊帐这一畅销产品就成为企业开展直播内容策划的必要元素。图6-11所示为直播内容中的“蚊帐+奥运”的热点植入。

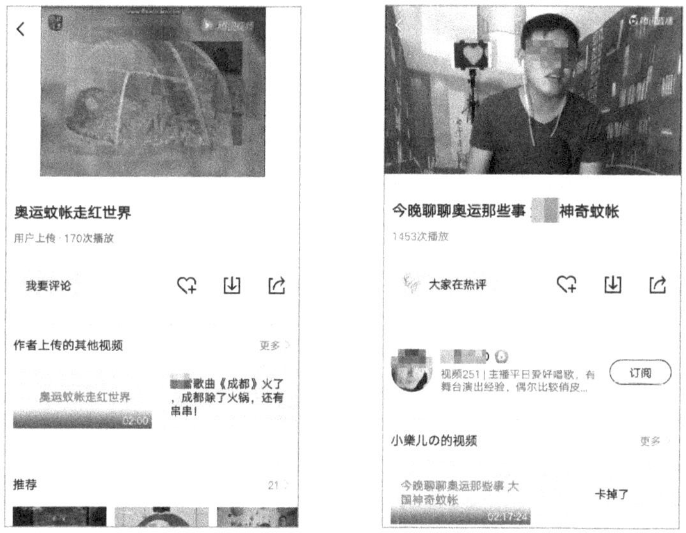

▲图 6-11 直播内容中“蚊帐 + 奥运”的热点植入

2. 根据热点策划

在直播内容策划中，抓住热点做直播应该分 3 个阶段来进行，具体内容如下。

（1）策划开始阶段

在这一阶段，直播营销和运营者首先要做的是一个“入”和“出”的问题。

所谓“入”，就是怎样把热点切入直播内容中，这需要找准一个角度，根据产品、用户的不同来选择合适的切入角度。比如在“奥运”这一主题热点下，以玉兰油为代表的护肤品和以蚊帐为代表的家居产品，其切入点就截然不同，直播策划者应该慎重考虑和选择。

所谓“出”，就是怎样选择直播内容的发布渠道，即找准合适的直播平台，这需要根据自身直播内容分类、在各直播平台的粉丝数量以及直播平台的特点来选择。比如可以与游戏结合的产品和直播内容，就应该以那些大型的主打游戏的直播平台为策划点，如斗鱼直播、熊猫直播等。图 6-12 所示为能与游戏结合的直播平台。

▲图6-12 能与游戏结合的直播平台

（2）策划实施阶段

有了产品切入角度，选好合适的平台后，就可以进行具体的内容准备了。首先，策划者应该撰写一篇营销宣传的文案，以便直播营销更快实现。在撰写文案时，要抓住热点与受众兴趣的融合点；其次，要对直播内容进行整体规划布局，这是根据热点策划整个直播过程中的主要内容，具体应该注意以下几个方面。

◆ 在直播中加入引导，巧妙地体现营销产品。

◆ 主播在直播过程中，应该注意讲述的方式。

◆ 在直播内容安排上，应该注意讲述的顺序。

（3）策划输出阶段

热点是有时效性的，直播内容的输出也要在合适的时间点呈现出来，既不能等热点完全过时，又不能在热点还只是萌芽的时候呈现，除非企业自身有着极大的品牌影响力，否则，可能会因选择不当而错失方向，也可能会为其他品牌宣传做了嫁衣。因此，直播内容在策划输出时，应该找准时间点，要快且准地赢得用户的心，吸引他们的关注。

其实，把握热点话题来策划直播内容是一种非常有效的营销方式，具有良好的营销作用，具体如下。

◆ 以热点吸引大量的用户关注，增加直播内容受众。

◆ 以热点的传播和用户参与来促使产品热销。

063 全过程结合产品主题

直播营销的终极目的是把产品销售出去，因此，在直播过程中要处理好产品与直播内容的关系，具体如图 6-13 所示。

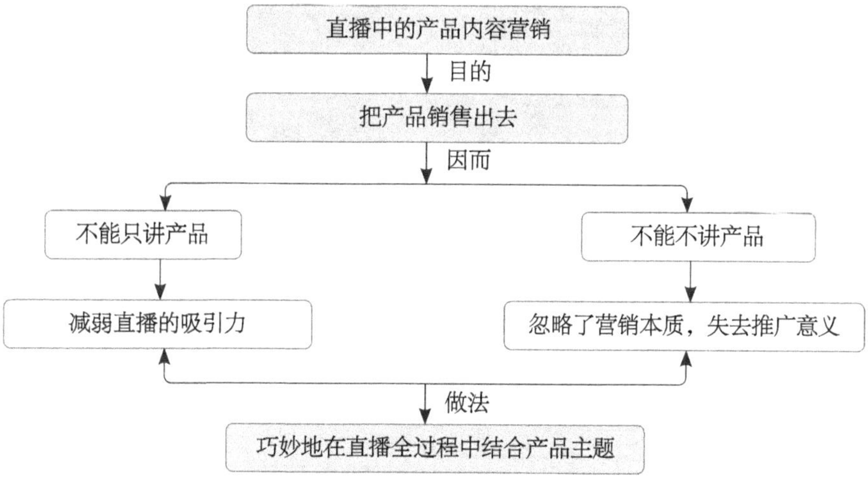

▲图 6-13 直播中的产品内容营销

在直播全过程中结合产品主题，意在全面呈现产品实体并鲜明地呈现产品组成，并最终实现完美营销。下面详细介绍具体的做法。

1. 全面呈现产品实体

要想让受众接受某一产品并购买，首先应该让他们全面了解产品，从外观感受到内部详解。因此，在直播过程中，主播一方面要把产品放在旁边，在讲话或做某一动作时把产品展现出来，让受众能看到产品实物。如图 6-14 所示为一期关于摄影类图书营销推广的直播节目，在直播过程中，作者借助翻动书本的动作将其展现出来，或直接在相关话题中把产品展示出来。

另一方面，主播要在直播中植入产品主题内容，或是在直播中把产品的特点展示出来。图 6-15 所示为直播中的可视钓鱼竿，既展示了产品主题内容——“可视钓鱼竿，等鱼上钩不如看鱼上钩”，又利用视频直观地展示了产品特点。

另外，为了更好地营销，还可以在直播屏幕上对其产品列表、价格和链接进行标注，或是直接展现购物车图标，以方便受众购买。

▲图 6-14 直播中的产品展示

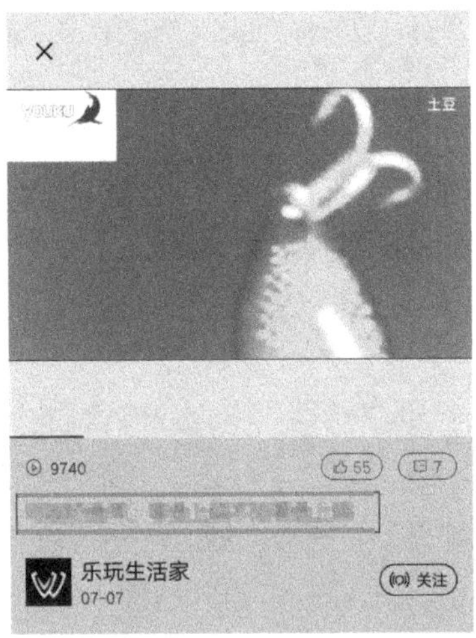

▲图 6-15 直播中的产品主题内容和特点展示

2. 鲜明地呈现产品组成

在视频直播中，要想让受众产生购买欲望，主播就要巧妙运用各种方法让受众对产品产生信任。而鲜明地呈现产品组成，既可以让受众更加全面地了解产品，又能在此基础上激发起受众的信任心理，从而放心购买。

产品组成既可能是书籍产品的精华内容，也可能是产品的材料构成，呈现产品组成的方式也各不相同。如图 6-16 所示为“美味”鸡翅包饭的成品内部呈现和食材展示。

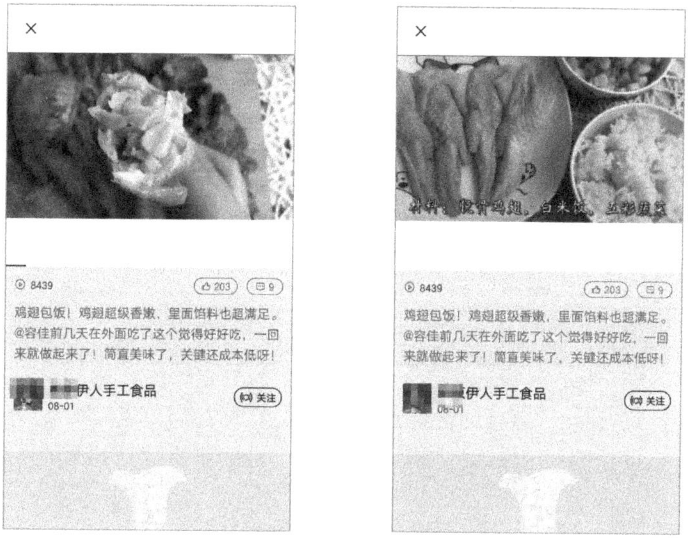

▲图 6-16 视频直播中的食品成品和食材展示

064 完美融合“特点 + 热点”

前两节分别提及了产品的热点和特点，本节从两者结合的角度来说明产品的直播营销。

在直播营销中，特点和热点都是产品营销的主要元素，要想在市场中实现更好、更精准的营销，打造出能广泛传播的直播，就要“两手抓”并实现完美融合，如图 6-17 所示。

▲图 6-17 直播营销中的“两手抓”和完美融合

例如，三伏天的“高温”“酷暑”是热点，人们更喜欢代表凉爽的产品，于是某茶叶品牌推出了有自身特点的冷泡茶系列，帮助人们度过炎炎夏日。如图 6-18 所示，该方案把天气的“热”、水的“热”与茶的“冷”巧妙地结合在了一起。

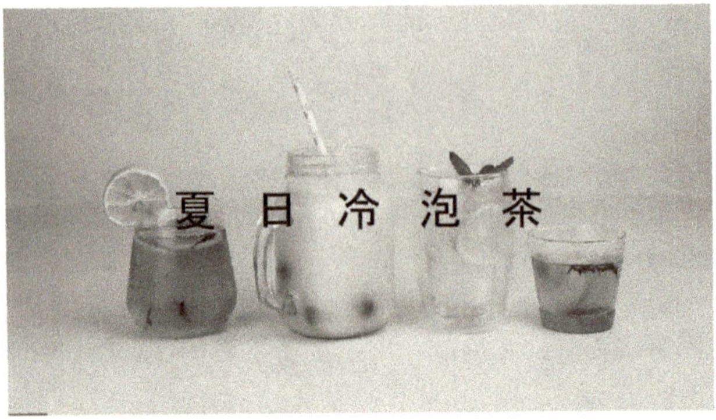

（1）

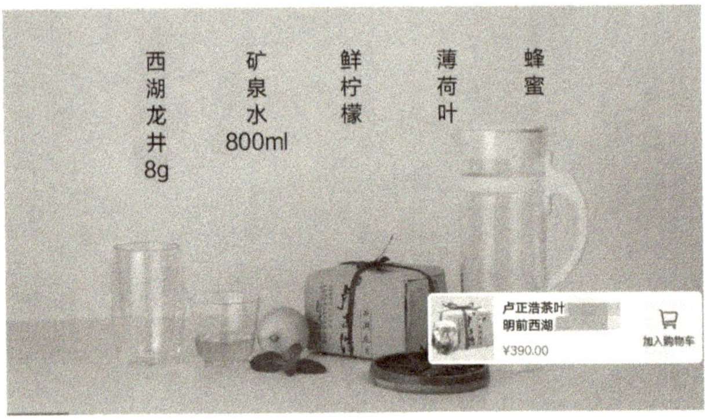

（2）

（3）

▲图 6-18 完美融合“特点 + 热点”的直播营销

可见，在视频直播中，产品特色如果能够结合时下热点，用户就会产生兴趣，进而关注直播和直播中的产品，从而产生购买欲望。

065 展现产品带来的改变

用户购买产品，首先考虑的是该产品能给他们带来什么助益。假如在直播过程中体现的产品功能让用户感到对自己有益，就能打动并激发他们购买，从而实现营销目标。

而在突出产品功能和带来的改变这一问题上，直播营销主要从两方面来实现，一是利用视频文案来呈现产品优势，二是利用产品的实际操作证明其优势和功能，具体内容如下。

1. 利用视频文案

除了表现产品优势和其所带来的改变外，视频文案还可以让受众有一个观看前的认知。带着特定的认知去关注，可以更清晰地从视频直播中找到产品优势所在。图 6-19 所示为在视频中通过文案的方式展现产品的功能和优势，可以让人在观看时感觉更舒适。

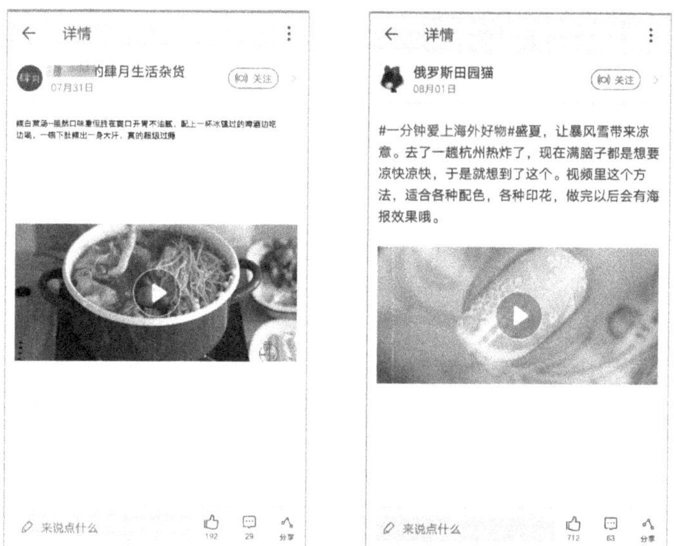

▲图 6-19 视频直播中利用文案展示产品的功能和优势

2. 利用实际操作

在展现产品优势时，视频直播与其他内容形式的最大不同在于它可以更清楚、直观地告诉受众肉眼能看见的变化，而不只是利用一段单调的文字对产品做出描述。

在视频直播中，利用实际操作把产品带来的改变呈现出来的展现方式在服装和美妆产品中比较常见。例如，显瘦的服装穿在人身上直观呈现出来的感觉；又如美妆产品在化妆前后为主播带来的改变。图 6-20 所示为主播用眉笔画眉前后的效果对比。

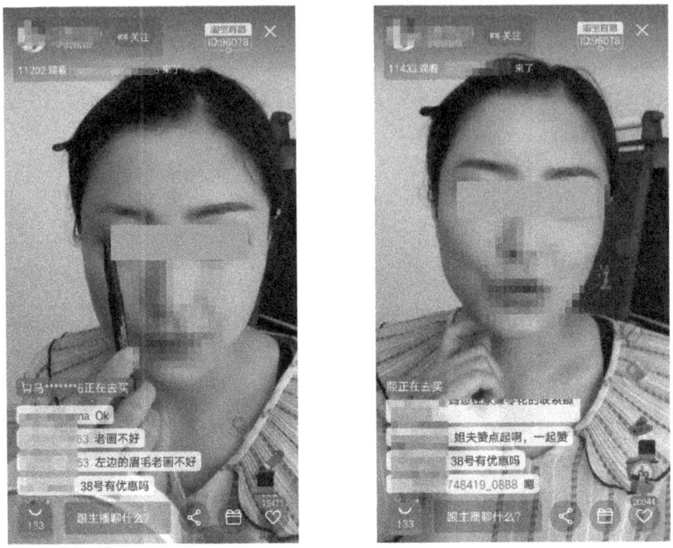

▲图 6-20 视频直播中眉笔实际操作前后的效果对比

在直播中，美妆节目所呈现出来的主题内容不仅突出了产品的优势，而且还教会了用户化妆技巧。此类内容极有可能吸引众多感兴趣和有需求的用户关注，从而为线上店铺带来惊人的流量。

专家提醒

因此，在直播中一定要将产品的优势和实力在短时间内展示出来，让用户看到产品的独特魅力，这样才有机会将直播变为有效的营销手段。

066 让用户参与内容生产

在直播圈中，UGC 即 User Generated Content，意为用户生产内容。UGC 作为一个非常重要的概念，影响着整个直播领域的内容发展方向。在直播营销里，UGC 主要包括两方面的内容，具体如图 6-21 所示。

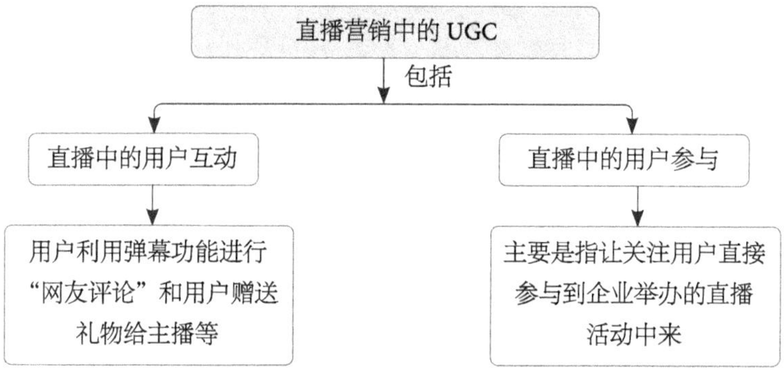

▲图 6-21 直播营销中的 UGC 解读

其中，让用户直接参与到企业举办的直播活动中来，是直播最重要的元素之一。让用户参与内容生产，才能更好地丰富直播内容，实现直播的长久发展。

而要让用户参与到直播中来，并不是一件容易的事，而是要具备必要的条件，具体如图 6-22 所示。

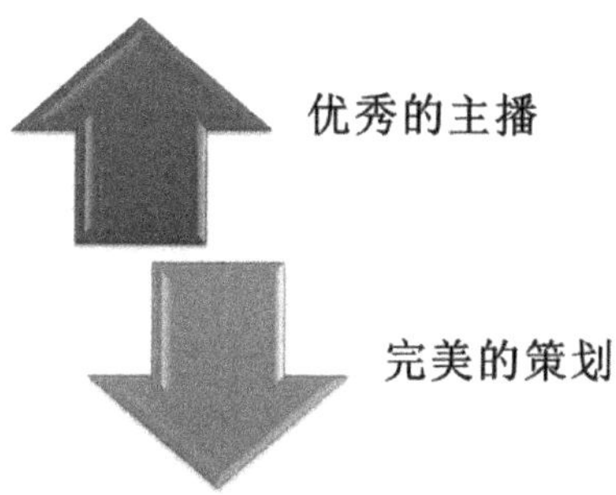

▲图 6-22 让用户参与到直播中来的必要条件

在具备了上述两个条件的情况下，基于直播潮流的兴起，再加上用户的积极配合，才有可能打造一场内容有趣、丰富的直播。

例如，2018 年 6 月，娱乐直播平台 KK 直播推出了世界杯竞猜活动，在为用户带来关于世界杯的比赛直播情况时，也让用户直接参与到了直播活动中来，实现了让用户全程参与直播内容创造的目标。图 6-23 所示为 KK 直播的“世界杯狂欢季”活动页面。

▲图 6-23 KK 直播的“世界杯狂欢季”活动页面

KK 直播的“世界杯狂欢季”成功打造了一套直播形式和服务模式，带来了更多贴近用户的服务。通过这一直播活动，不仅体现了用户参与，更是从用户的角度出发，让其更好地感受到了 KK 直播的产品服务。

KK 直播通过打造融合了用户参与、热点和利益三大特色的直播内容，收获了其产品升级改进的原动力和直播服务平台的巨大流量，有效推动了KK 直播的发展。

在KK 直播的“世界杯狂欢季”活动中，用户真正参与到了直播内容生产中——通过直播世界杯竞猜的模式，用户成了推动直播内容发展的一个元素和主体。

从以上内容可以看出，在直播过程中，用户已经成了直播的主体之一，缺失了这一主体，直播不仅会逊色很多，甚至有可能导致直播任务难以完成。

067 创新“无边界”内容

正如“无边界管理”最终演变成“没有管理才是最好的管理”一样，直播中的“无边界内容”也是一种与传统内容完全不同的创新性概念。

概括来说，“无边界内容”的直播营销就是在直播中完全看不到任何与产品相关的内容，但是直播所表达出来的概念和主题却会给受众留下深刻的印象，受众会在接受直播概念和主题的过程中推动它们迅速扩展，最终促成产品的营销。在传统的广告推广中，无边界内容也有经典的成功案例。

比如球星科比代言的耐克广告，全程展示的都是话语，并未提及任何有关耐克的产品，但其所体现出来的那种不惧怀疑、勇于挑战的精神概念和主题却深入人心，其广告语“You'd better bring, Because I'll bring every I've got it”（你最好全心关注，因为我会全力以赴）”和“Just do it ”（只管去做）也被众多人所记住，如图 6-24 所示。

▲图 6-24 耐克广告

又如人们熟知和热捧的 iPhone 6/6 Plus，其广告内容也没有提及 iPhone 6/6 Plus 产品，而是以能深入人心的关键概念来影响受众，如其广告语“岂止于大”（Bigger than bigger）就是如此，如图 6-25 所示。

从耐克到 iPhone，它们无不是利用能给人留下深刻印象的概念和主题来吸引受众，并发挥出它们超强的影响力。其实，耐克和 iPhone 的广告内容采用的就是创新的“无边界”内容。

▲图 6-25 iPhone 广告

“无边界”内容指的是有大胆创意的、不拘一格的营销方式。随着直播营销竞争的加剧，企业在进行直播内容创新时，也开始创造一些“无边界”内容，吸引人们的注意力。

例如，在淘宝直播中，有一家专门卖电子产品的商家就十分有创意。该商家的直播内容以《春风十里不如有你》为题，这个题目很难让人想到这家店铺是卖化妆品的。

很多人以为这是一个日常直播，没想到后来竟弹出了相关产品的购买链接，而且直播中还讲了一个“对化妆品专一，对你也专一”的故事，让人恍然大悟这原来是对化妆品的营销。图 6-26 所示为《春风十里 不如有你》的直播画面。

▲图 6-26 《春风十里 不如有你》直播画面

这样“无边界”的直播内容更易被大家接受，而且会悄无声息地激发受众的购买欲望。当然，企业在创造“无边界”内容时，一定要设身处地地为用户着想，才能让用户为你的产品和服务买单。

068 邀请民间高手打造趣味内容

在视频直播平台上，除了那些经过经纪公司专业培训的主播（包括娱乐明星）直播的节目外，还有另一类直播节目，那就是一些具有某种技能或特色的民间高手来做直播。这也是一些直播在网络上比较火的原因之一。

所谓“高手在民间”，现实生活中总会有众多在各领域有突出技能或特点的人存在。直播平台邀请相关人士做直播，一方面可以丰富并打造趣味的平台内容，另一方面民间高手的直播与平台培训的主播直播的风格和内容迥然不同，也会吸引到更多平台受众的注意。

在现有的视频直播行业中，有许多这样的案例，无论是在知名的直播平台上，还是企业自身推出的直播菜单中，都不乏其例。

例如，在千聊 Live 知名直播平台上，就有众多民间高手入驻，他们通过自身账号平台与千聊 Live 合作，推出直播节目，这些节目有付费的也有免费的，可供不同需求的受众选择，如图 6-27 所示。

▲图 6-27 千聊 Live 直播节目

一些有微信公众号或电商运营账号的企业和商家大都是利用自身现有的资源来打造直播节目和内容的，虽然他们的直播节目在运营方面还存在一些问题需要改善，但他们的直播内容却是根据自身的实践、思考和感悟来策划的，体现出了更明显的真实性和趣味性。图 6-28 所示为微信公众号“玩转手机摄影”的直播课内容。图 6-29 所示为电商平台京东推出的直播内容，直播紫砂壶的烧制过程。

另外，还有一些知名的品牌和企业，通过邀请民间高手或艺术大师进行直播来打造趣味内容，以增加企业和品牌的吸引力，从而提升其综合影响力。

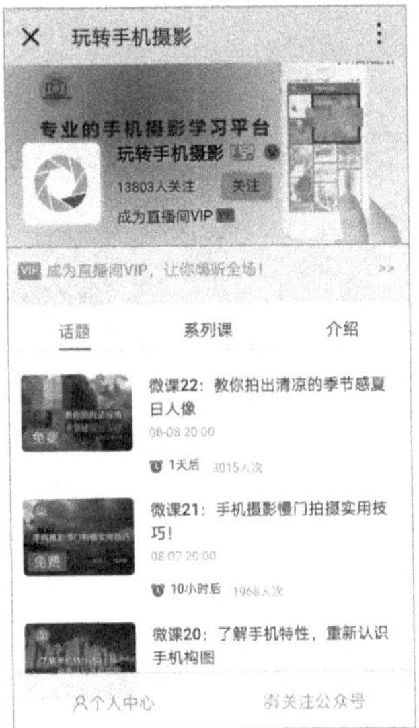

▲图 6-28 “玩转手机摄影”直播内容

▲图 6-29 京东直播紫砂壶烧制过程

069 提供软需的产品增值内容

很多优秀企业在直播时并不是只谈产品——要让用户心甘情愿地购买产品，最好的方法是提供给他们以软需为目的的购买产品的增值内容。这样一来，用户不仅获得了产品，还收获了与产品相关的知识和技能，自然是一举两得，购买产品也会毫不犹豫。那么，提供增值内容应该从哪几点入手呢？具体如图 6-30 所示。

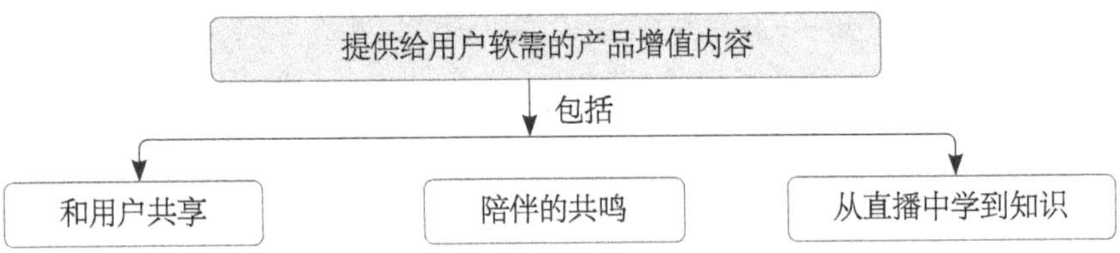

▲图 6-30 提供给用户软需的产品增值内容

下面将分别对图 6-30 中提及的 3 个方面的增值内容进行介绍。

1. 和用户共享

在信息技术发达的今天，共享已经成为信息和内容的主要存在形式，几乎没有什么信息是以独立的形式存在的，共享已经成为社会中各类人群交流的本质需求。

这种信息共享表现在很多方面，如信息、空间和回忆等，当它们综合出现在某一领域时可能是糅合在一起的，如空间与信息、空间与回忆等。对于直播而言也是如此，它更多的是一种在共享的虚拟范围空间扩大化下的信息。

一般来说，当人们取得了某一成就或拥有了某一特别技能时，总是想要与人分享其成功或喜悦，因而，共享也成为人的心理需求的一部分。而直播就是把这一需求以更广泛、更直接的方式展现出来：主播可以与受众共同分享自己的记忆或一些难忘的往事等。

与营销结合在一起时，只要能很好地把产品或品牌融合进去，受众才有可能会被吸引而沉浸其中，营销也才会成功。可见，在直播中为用户提供共享这一软需的产品增值内容，可以很好地提升用户对产品或品牌的好感，从而更好地实现营销目标。

2. 陪伴的共鸣

直播不仅是一种信息传播媒介和新的营销方式，还是一种实时互动的社交方式：人们在观看直播时，就像在和人进行面对面的交流，从而感受到陪伴的温暖和共鸣，具体影响如下。

- ◆ 让用户忘掉独处的孤独感。
- ◆ 让用户有存在感和价值感。

直播作为一种新的营销方式，如果能把陪伴的共鸣与产品结合起来，那么用户也将更清晰地感受到这一事实，这样就能更有效地引起关注和增加用户黏性。

从这一角度来看，三星为某款手机发布会策划的直播就是一个很好的例子，具体内容如图 6-31 所示。

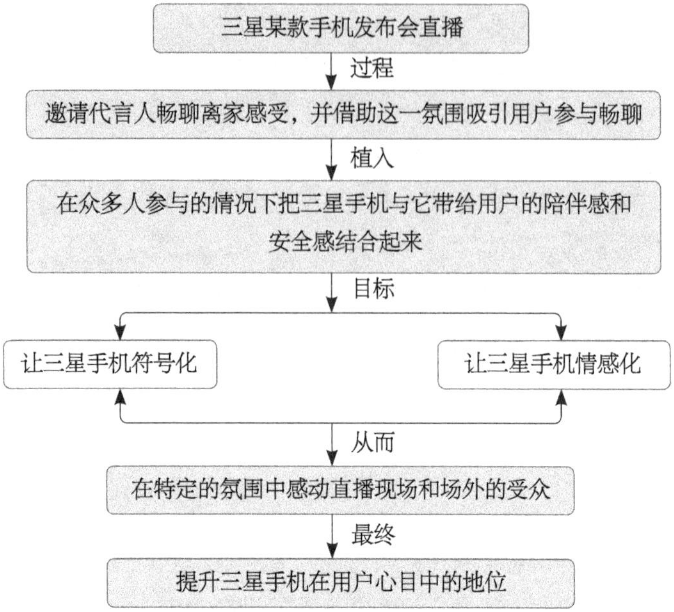

▲图 6-31 三星某款手机发布会直播的陪伴主题策划分析

3. 从直播中学到知识

最典型的增值内容就是让用户从直播中获得知识和技能。比如，淘宝直播、聚美直播在这方面就做得很好。一些利用直播进行销售的商家纷纷推出产品的相关教程，给用户带来更多软需的产品增值内容。例如，淘宝直播中的一些化妆直播，一改过去长篇大论介绍化妆品的老旧方式，而是直接在镜头前展示化妆过程，边化妆边介绍产品，如图 6-32 所示。

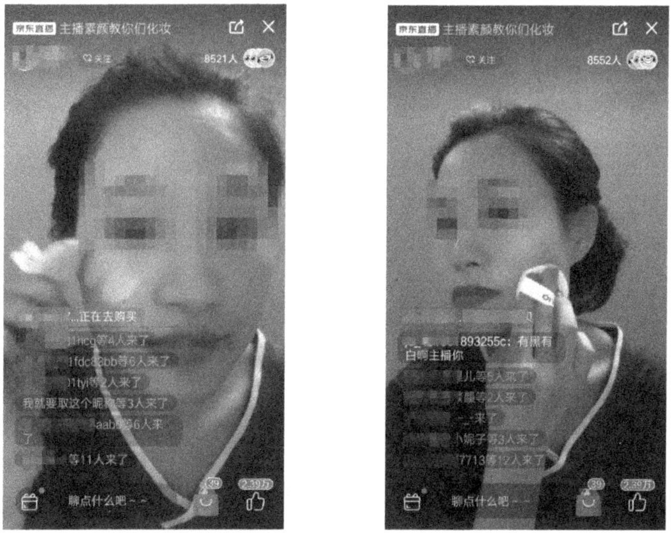

▲图 6-32 边化妆边介绍产品

在主播化妆的同时，用户还可以通过弹幕向其咨询相关问题，比如“油性大的皮肤适合什么护肤产品？”“皮肤黑也能用这款 BB 霜吗？”等，主播也会为用户耐心解答。

温馨提示

其实，不仅化妆品行业如此，其他行业的电商产品直播营销也可以就直播主题内容中的一些细节问题和产品相关问题进行问答式介绍。相较于直白的陈述而言，这样的做法明显可以让用户更好地、有针对性地记住产品。

用户通过直播不仅得到了产品的相关信息，而且还学到了护肤和美妆的知识，对自己的皮肤也会有比较系统的了解。用户得到优质的增值内容自然就会忍不住想要购买产品，直播的营销目的也就达到了。

070 CEO 上阵，内容更专业

自从直播火热以来，各类“网红”层出不穷，用户早已感到审美疲劳。大部分“网红”的直播内容没有深度，只是一时火热，并不能为用户带来什么益处。

因此，很多企业使出了让 CEO（Chief Executive Officer，首席执行官）亲自上阵这一招。CEO 本身就具有吸引力，再加上其对产品的了解也让用户对直播有了更多期待。

例如，网易 CEO 丁磊在 2016 年 9 月 16 日献出了直播首秀。其直播内容主要围绕评测 iPhone 7 的性能进行，丁磊利用时下热点对象 iPhone 7 来直播，以 iPhone 7 的防水性能为主题，进行了长达两小时的直播测试，让用户全面感受到了 iPhone 7 的超强性能，引发了众多用户关注。图 6-33 所示为将手机分别放入鱼缸和可乐中进行测试。

（1）

（2）

▲图 6-33 置入鱼缸中和可乐中的 iPhone7

更重要的是，丁磊直播测试 iPhone 7 防水性能是为了宣传自身的产品，如在直播中多次穿插网易考拉海购、网易新闻和手机游戏《天下》等。图 6-34 所示为直播中穿插的网易及网易考拉海购内容。

其实，在丁磊之前，已有很多 CEO 利用直播做营销，比如小米的雷军、聚美优品的陈欧、阿里巴巴的马云等。丁磊此举是因为看准了直播的影响力和营销力，事实证明，他的直播获得了成功。

▲图 6-34 直播中穿插网易考拉海购

当然，一个 CEO 想要成为直播内容的领导者，也是要具备一定条件的。下面总结了 CEO 做直播要具备的三个条件，如图 6-35 所示。

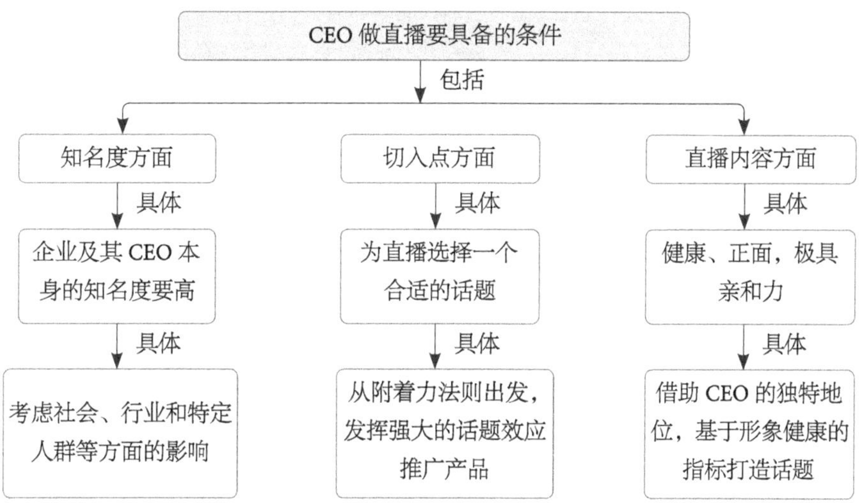

▲图 6-35 CEO 上阵直播要具备的条件解读

温馨提示

CEO直播固然能使内容更加专业化，可以吸引更多用户关注，但也要注意直播中的一些小技巧，让直播内容更加优质。

071 "口令红包"巧转化

"口令红包"是一种建立在社交平台——手机QQ6.1新版本上的互动功能。该功能有一定的技术、关系和玩法基础，有着非常丰富的含义，具体如图6-36所示。

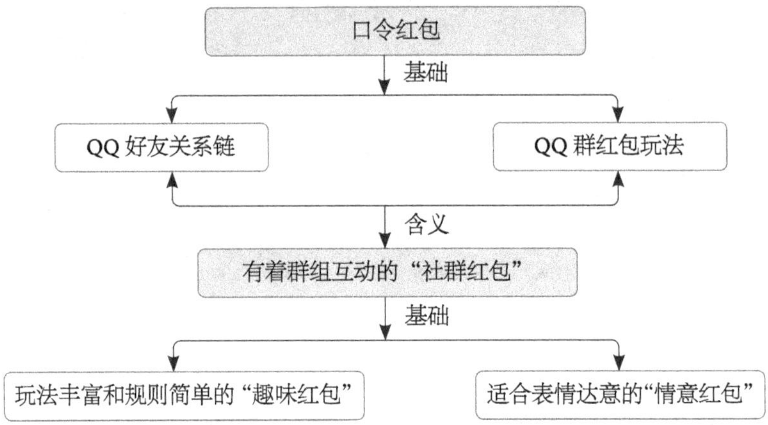

▲图6-36 口令红包产生的基础和含义解读

口令红包新功能运用在营销领域所产生的影响无疑是巨大的。主要表现在3个方面，具体分析如下。

1. 加深对品牌的记忆

在口令红包的互动中，无论是发红包的人还是抢红包的人，都需要输入口令，而口令的设置为产品、品牌的植入提供了一个绝佳场所。直播营销领域就是看中了口令红包这一营销优势。

在直播过程中，平台设置了相应的口令红包，它需要用户输入口令，而包含了企业名称或产品名称的红包口令输入，可以让用户记住企业或产品。从这个角度来说，口令红包是一种双赢的营销玩法。

◆ 一是可以让用户在观看直播的过程中获取福利。

◆ 二是可以让用户在输入口令时加深对品牌的记忆。

温馨提示

口令红包的口令是多样化的，不一定是企业、产品或品牌的名称，在有利于营销的目标指导下，它还可以是一些营销词语或其他有着深刻寓意的能让用户加深印象的话语。

例如，著名餐饮品牌“外婆家”在网红直播时，就创新性地应用了一些有着别样特色又符合自身品牌内容的红包口令——“你别走”系列红包口令，如“你别走我们常来”“你别走好口碑”“你别走口碑夜宴”等。这一系列的红包口令，都有利于加深用户对品牌的记忆，强化了其在口碑上的独特地位，让用户能很好地记住这个有着“好口碑”的餐饮品牌。

2. 提高购买转化率

用户通过输入口令获得了红包后，接下来就可以运用这些红包了。一般而言，营销领域的口令红包采取的是优惠券之类的形式。也就是说，只有在购买了商品的情况下红包的价值才能真正发挥；否则，它就只是一串数字符号，没有任何意义。

对于这样的红包，用户一般会选择合适的方式在消费和购买商品时使用，而不会让它“浪费”掉。这就可以有力地提高用户的购买转化率。

3. 提高购买次数和客单价

提高购买率还只是对口令红包玩法的初步应用。要想获得更好的营销效果，就要在口令红包使用限制的设置上下功夫。

红包的使用限制主要包括两方面，一是使用条件。营销类的红包都需要满足一定条件才能使用，采用的方式一般为“满 ×× ”才能用，也就是说，必须在消费达到一定限额时才能使用红包。如图 6-37 所示为红包券使用时的消费限额说明。

▲图 6-37 红包券使用时的消费限额说明

从这一角度来说，口令红包的金额和消费限额要有一个适度的匹配，也就是说，它们之间的关系设置要以提高购买次数和客单价为基础。这就要求红包金额不能太高，应该限制在其使用时的消费限额的 15% 以下。当然，也不能太低，要让用户觉得红包值得一用。

所以，红包金额一般选择 10~50 元，同时可限制其对应的消费限额为 100~600 元。当然，在具体营销过程中，可以根据商品、时间（如节日促销）和目标受众的不同而做出相应设置。另外，有时为了提升用户的购买次数，还可以把红包金额设置得小一些，但可以多次发送，并规定一次只能使用一个口令红包，这样就可以提高购买次数，如图 6-38 所示。

温馨提示

在设置口令红包的使用条件时，其消费额限制的设置也有一定的技巧，一般来说，商家和企业采用的大都是“1 元”策略或“2 元”策略。也就是说，在 99 元和 100 元之间虽然仅仅相差一元，但是在用户眼里却是一个层级上的差别，因此，“1 元”策略在营销中比较常见。

▲图 6-38 使用“1 元”策略的优惠券

假如销售的是大件商品或高档消费品，也可采用“2 元”策略，也就是 1998 元和 2000 元的区别。在我国，人们一般把数字“8”看作是吉利的数字，因而在后面缀一个数字 8 是一种很巧妙的做法。其实，这一策略也可稍加变通，在线下超市内常见的如 19.98 元、26.98 元、58.98 元等。

二是使用期限。一般的营销类口令红包都是有消费和使用期限的。只有在限定的时间内才能使用红包获得购买优惠。图 6-39 所示，就在红包的使用时间上做出了限制。

▲图 6-39 红包使用期限说明

第 7 章

打造爆款：差异化运营才能突围

学前提示 >>>

在数字化的引领下，一切产业都出现了娱乐化的趋势，几乎所有的行业和品牌都要运用到爆款策略，才能在激烈的市场竞争中脱颖而出。

对于直播行业来说，只有具备差异化的特质和能力，才能打造成爆款。

要点展示 >>>

◆ 创作能力：持续的优质内容
◆ 产业能力：灵活的供应链
◆ 设计能力：迎合粉丝进行设计
◆ 运营能力：6种粉丝运营技巧
◆ 分析能力：大数据精准营销
◆ ……

072 创作能力：**持续的优质内容**

在直播平台的诸多内容形式中，运营者和营销者只要找准一个内容创作点，并使其形成某种品牌价值，就可以带来直播强营销推广的力量。

一位当红的名人、一个引人发笑的高级段子、一篇技巧满满的直播通稿等都是网络直播大战中制胜的内容“法宝”，通过这些内容可以让直播运营者和营销者以低成本的投入获得更多利益。

例如，知名财经作家吴晓波的专业财经脱口秀《吴晓波频道》就提供了各种富有价值的财经观点，一次次刷新了受众的关注点，同时也使得这一视频直播节目成为财经领域各层级人物关注的焦点。

在爱奇艺财经频道上，吴晓波持续推出了十多期精彩视频，如《这些年马云犯过的错》（1~5 期）、《世界经济学》《把世界交给 80 后》等多档节目，为受众提供了优质的直播视频内容。他也因此创下了逼近 1 亿大关的巨大流量的直播记录。

直播优势加上优质内容，再辅以适当的宣传推广，就可以获得更多渠道的销售利润。通过创作这些符合用户需求、为用户带来愉悦感受的优质内容，就有机会打造一个优秀的 IP，相反，如果没有持续的优质内容，而是一味地宣传、促销，即使获得一时的销售业绩，也难以长期吸引目标用户群。

073 产业能力：**灵活的供应链**

产业供应链是一个比较完整的体系，网络直播的供应链包括主题策划、内容生产、直播渠道和平台、直播盈利变现的形式以及直播的销售渠道等。如果你只会策划、制作直播内容，而不会将其传播到互联网中，那就是自娱自乐，粉丝根本看不到你的东西。

因此，网络直播的运营者和营销者要有产业运作的能力，要能灵活地掌握供应链。这样才能有动力和经济基础去持续输出优质内容。图 7-1 所示为网络直播产业的供应链。

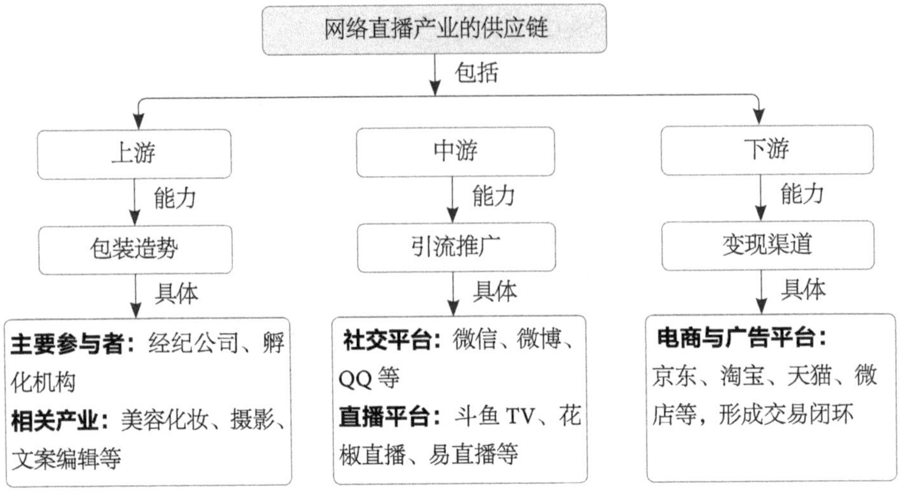

▲图 7-1 网络直播产业的供应链

在网络直播产业的供应链中，上游的包装造势环节、中游的引流推广环节以及下游的变现渠道都在不断地横向延伸和扩展，同时还吸引了资本的关注与投入。

那些网络红人以及众多自媒体人都自带强大的流量属性，在他们的高额销量以及融资数据背后，其实是产业链中游的社交平台和直播平台上千万量级的粉丝。

可以说，他们就是某种意义上的明星，其本身的特质和能力可以让粉丝转化为购买力，同时他们还可以向自己的粉丝进行垂直营销，进一步强化自身的变现能力。

温馨提示

网络直播运营者和营销者可以灵活运用供应链组织能力，将供应链渠道与直播相对接，并进一步完善供应链中的策划、生产、设计、物流等服务，通过实体生产互联网中直播宣传的产品，然后利用软件平台来整合上下游资源。

例如，人民邮电出版社出版了一本《手机摄影大师炼成术》，出版社便结合发行渠道京东商城和作者资源，组织了一次京东直播手机摄影分享课，针对图书进行了精准的宣传推广。

由于作者本身也有微信公众号，且自带流量粉丝，所以出版社将生产者、消费者、中间销售平台进行资源整合，继而变现推广。

074 设计能力：**迎合粉丝进行设计**

为了迎合互联网粉丝的喜好，尤其是数据庞大的“90 后”用户，互联网直播运营者和营销者还需要掌握极强的新产品设计和服务设计能力。

例如，在手机摄影中存在两大难点和主题，一是构图，二是后期。这些都是摄影爱好者最想了解的内容。基于此，《手机摄影大师炼成术》的作者之一龙飞先生借助千聊直播平台对自己的微信公众号粉丝进行了一场名为《新手拍大片：手机摄影构图和后期高手真经》的直播课程分享，如图 7-2 所示。

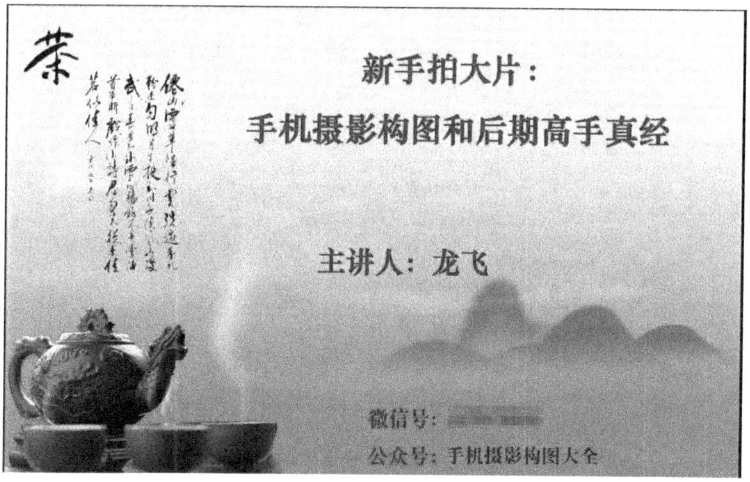

▲图 7-2 《新手拍大片：手机摄影构图和后期高手真经》直播分享宣传

这类关于直播主题的活动策划和设计，可以让受众充分了解主讲人总结的关于手机摄影的诸多技能要点，还能通过直播平台与手机摄影图书作者的直接互动。这些都吸引了众多摄影爱好者观看直播，从而也使得这一直播策划的优质主题内容广受好评。如图 7-3 所示为《新手拍大片：手机摄影构图和后期高手真经》的语音直播。

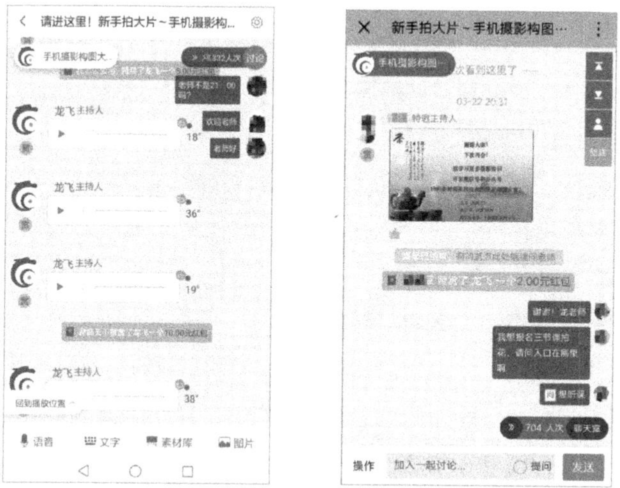

▲图 7-3 《新手拍大片：手机摄影构图和后期高手真经》语音直播

《新手拍大片：手机摄影构图和后期高手真经》直播之所以在公众号“手机摄影构图大全”和“千聊微课”上获得了很好的反响，其主要原因就是它的主题内容设计。设计者针对两大主题分别进行了横向和纵向两个方面的讲解，具体内容如图 7-4 所示。

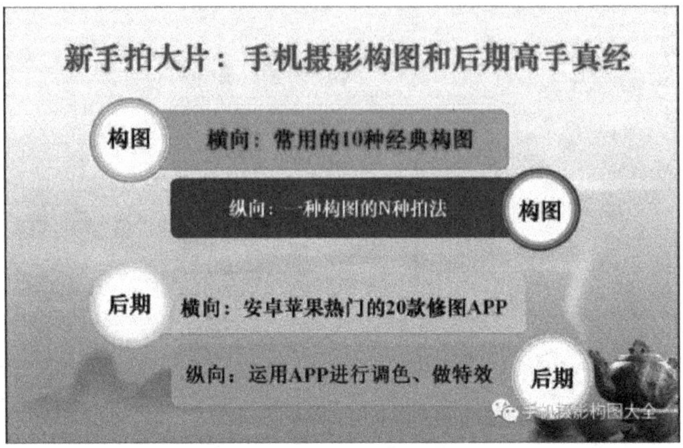

▲图 7-4 《新手拍大片：手机摄影构图和后期高手真经》主题内容设计

更重要的是，针对受众喜欢拍摄花卉这一偏好，作者专门用一节课来进行了构图和后期的讲解，可谓是想受众之所想，为受众提供需要的内容。

从微信公众号“手机摄影构图大全”和千聊平台合作的成长之路中可以发现，各类节目的直播内容都会在一定程度上迎合粉丝来进行设计，这也是塑造主播和平台超级影响力的基础。

075 运营能力：**6 种粉丝运营技巧**

如今，市场经济已经从“得渠道得者天下”转变为“得用户者得天下”的时代。这一切都是互联网发展带来的结果，它彻底打破了以往封闭的经济模式，形成了一个全新和开放的“用户为王”的经济时代。

在互联网时代，很多主播和平台都拥有自己的关注者，优秀的主播和平台拥有的是用户，而更具影响力、表现力的主播和平台则拥有众多会为自己说话的粉丝，这些粉丝就是它们的品牌或衍生产品的最佳代言人。

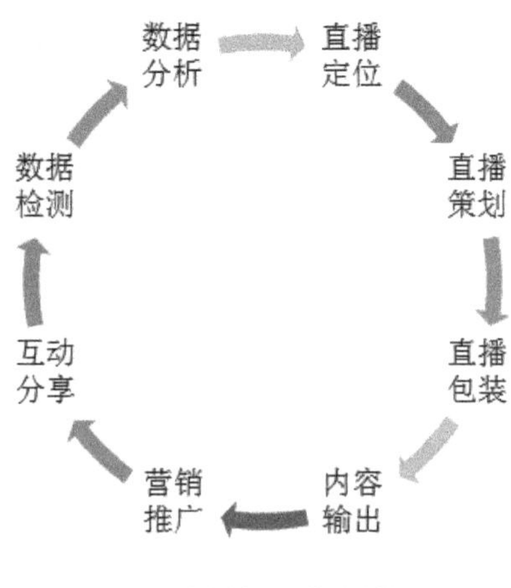

▲图 7-5 直播粉丝运营的完整流程

因此，要想成就一个超级直播营销，创业者或企业还要具备强大的粉丝运营能力。图 7-5 所示为直播粉丝运营的完整流程。

在整个粉丝运营的流程中，提升粉丝活跃性、让粉丝参与内容互动是有技巧的，如图 7-6 所示。

增强互动性	通过有价值的干货分享、红包、有奖活动、投票等方式提升粉丝的互动交互感
策划优质活动	加强活动策划能力，活动要提倡“参与感”，不断通过活动提升直播影响力
搭建运营团队	对于粉丝人数较多的主播和平台而言，最好构建一个专业的运营管理团队，制定相关的规定，使其可以健康发展
调动粉丝参与	通过有趣好玩的内容吸引用户，在内容中灌输分享概念，让用户帮你传播内容
整合资源借势推广	善于乘势、用势、借势、造势，聚力整合社会资源，借势发力扩散到各种社交媒体
建设人际关系	通过大数据进行技术的传送，利用新媒体平台传播和交流信息，加强粉丝关系

▲图 7-6 粉丝运营的技巧

076 分析能力：**大数据精准营销**

网络直播运营者和营销者如果想找一个合适的平台运营和推广，就要具备大数据分析的能力。网络直播需要数据来作为支撑，如图 7-7 所示。

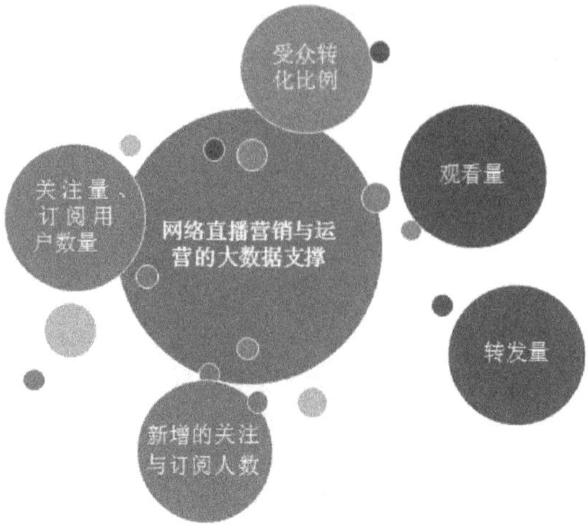

▲图 7-7 网络直播需要数据来作为支撑

图 7-7 所示的各种数据有着不一样的功能。下面对网络直播的 5 种数据进行具体介绍。

（1）关注量与订阅用户数量：说明直播的内容被多少人推送。

（2）观看量：可以体现直播宣传文案的标题是否具有吸引力。

（3）转发量：可以体现内容质量的优劣。

（4）新增的关注与订阅人数：说明了持续输出的内容是否有价值。

（5）“受众转化比例”这一数据的功能价值如图 7-8 所示。

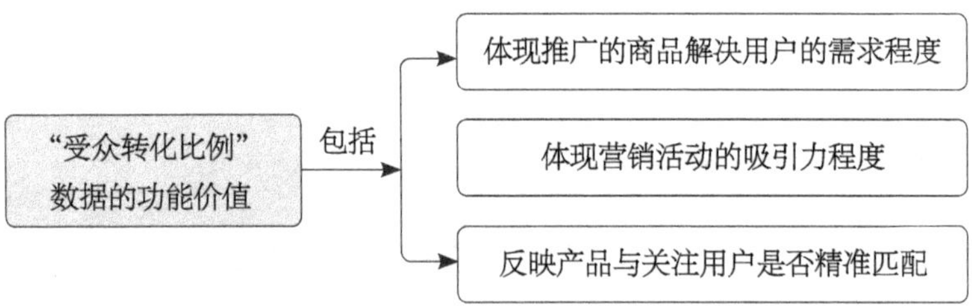

▲图 7-8 网络直播领域的“受众转化比例”数据的主要功能

同样，网络直播营销与运营运用大数据来分析主播、产品以及粉丝等数据，实现更精准的营销，其主要方法如图 7-9 所示。

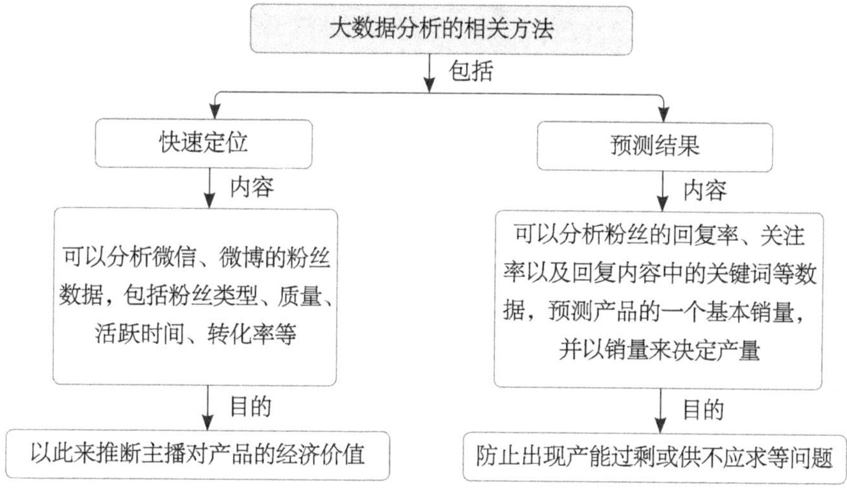

▲图 7-9 大数据分析的相关方法

077 情感特质：**充分融入情感**

一个爆款的直播应该具备怎样的特质呢？它又是以什么样的属性来征服用户的呢？其实，问题的答案包括多个方面，具体如下。

- **情感特质：**充分融入情感。
- **粉丝特质：**实现力量变现。
- **故事特质：**塑造魅力故事。
- **传播特质：**大效应口碑传播。
- **延伸特质：**衍生多个领域产品。

在上述诸多特质的综合表现下，爆款直播也就出现了。在此对爆款直播的情感特质进行详细介绍。

要想打造爆款节目，在激烈竞争中成功突围，在节目中植入充沛的情感是一个不错的选择，利用全新的方式，打造一款与以往不同的直播节目。

企业想要在爆款直播中打造爆款品牌，情感因素必不可少，这样才能在更大程度上拓展品牌的发展空间。关于爆款直播中的品牌情感营销与运营，具体如图 7-10 所示。

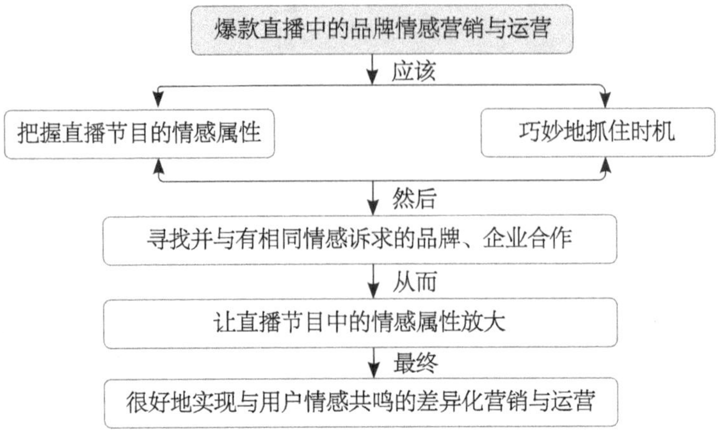

▲图 7-10 爆款直播中的品牌情感营销与运营

078 粉丝特质：**实现力量变现**

无论是从互联网营销的广义概念——以互联网为主要手段开展的营销活动，还是其狭义概念——通过互联网手段来宣传、销售产品，视频直播营销都属于互联网营销的范畴，而粉丝这一互联网营销属性在直播营销中有着非常重要的作用，它是直播营销中打造爆款不可或缺的支持力量。

因此，在直播营销中，充分发挥粉丝的强黏性和互动作用，为实现变现提供有力支撑，才是成功营销的关键。从这一方面来说，音乐偶像养成节目《明日之子》就很成功。

在节目筹备阶段，《明日之子》就召开了两次发布会，其中，在其全球招募发布会上发布了《明日宣言》：“我在这里等你宣言：你就是未来，你就是明日之子！”而后在“就这样唱——星推官集结暨总冠王老吉发布会”上又打出了《明日之子》的 slogan（标语）“就这样唱”的宣言，这些都充分代表了充满热情和信心的年轻一代人的心声，吸引了众多用户的关注。

《明日之子》节目本身属性受年轻人欢迎，加上星推官带来的众多粉丝以及发布会现场的星推官与粉丝的不断互动，粉丝的热情进一步高涨，再通过与之相关的话题传播，其所吸引的粉丝数量和关注度是惊人的。

在上面提及的互动和宣传推广中，《明日之子》的粉丝自然而然地进行了整合，参与了互动，并迅速实现了力量变现。而在这样的粉丝力量支撑下，受益最大的无疑是《明日之子》和王老吉了。

一方面，电商平台迅速推出了《明日之子》节目的同款商品，如图 7-11 所示。

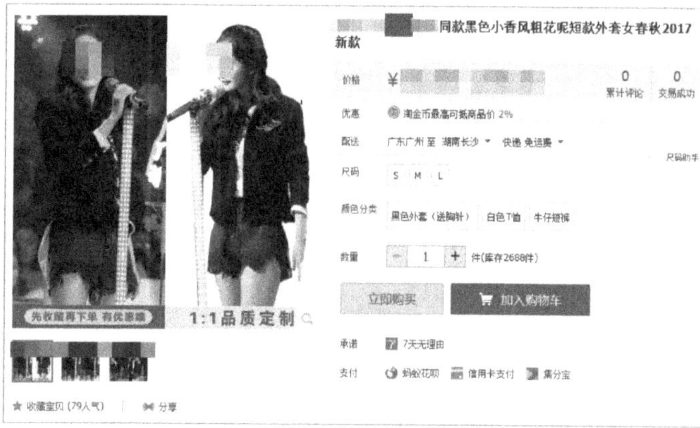

▲图 7-11 《明日之子》同款商品

《明日之子》的受众与淘宝网推出的相关商品的用户群有着很高的重合度——都是乐于接受新事物的年轻人，基于此，直播节目粉丝迅速变为消费者也就不足为奇了，同时还激发了粉丝的潜在购买力。

另一方面，王老吉这一凉茶品牌借助节目宣传更好地提高了其知名度和影响力，也更加深入了粉丝与更多受众的心里。对王老吉来说，这是一个绝佳的宣传时机，乘着《明日之子》的东风，借粉丝之力，成功地打响了品牌之战。

079 故事特质：**塑造魅力故事**

直播是一种有着实时推送和互动的视频内容，它是由一个个片段组成的，那些有着完整情节的片段就构成了故事内容，由此增加了直播的故事特质。

不同的故事吸引着不同的人群，且其吸引人群的多寡和影响程度也是有区别的：好的故事能吸引更多人的关注，在受众心中留下的印象也更深；不好的故事则相反。

在故事的构成中，人与情节是必不可少的，人是有特点、有性格的人，情节是有看点、够曲折、有内涵的情节。只有具备这两个条件，直播的故事属性才能鲜明并吸引用户关注。因此，打造直播使之在差异化运营中突围，塑造一个魅力故事是很有效的方法和途径之一。

例如，有一个主题为“80 后小伙路边捡材料，DIY 百个变形金刚”的直播节目，如图 7-12 所示。

▲图 7-12 “‘80 后’小伙路边捡材料，DIY 百个变形金刚”的直播节目

初看直播节目标题，就包含了一个故事：有人物——“80 后”小伙，有情节——路边捡材料，DIY 变形金刚，有内涵和神秘感——怎么完成的？在这样的情况下，用户就有了观看的兴趣。

带着对故事的思考关注直播，一步步感受到故事主人公的特点：一个想要圆梦的人，一个喜欢钻研的人，一个有想法的人；故事的另一类“主人公”——百个变形金刚，以不同的姿态呈现在了用户的面前，如图 7-13 所示。

▲图 7-13 变形金刚展示

在该直播中，通过“80 后小伙”和“百个变形金刚”，塑造了一个有内涵的故事，直击“80 后”受众，带他们回到童年，回到那个充满回忆的时代，引发人们的情怀追随，迎合了用户口味，吸引了用户的关注。

在直播中，主播还示范了修复和改造变形金刚的过程，让用户真切地感受到这一故事的情节，如图 7-14 所示。

▲图 7-14 变形金刚修复和改造展示

其中，“霸天虎”与“擎天柱”、修复、改造、结合、普通人、自身解决、原型电影、角色还原——这些元素组成了这一直播节目的故事片段。

080 传播特质：**大效应口碑传播**

打造直播爆款，首要的特质就是可以广泛传播，而这种传播属性主要表现在两个方面，具体如图 7-15 所示。

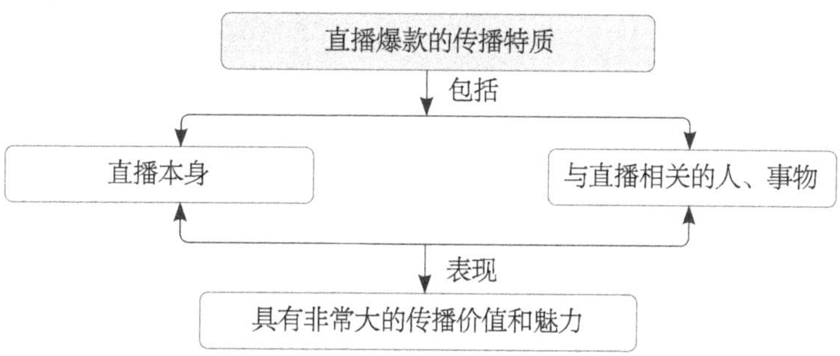

▲图 7-15 直播爆款的传播特质解读

图 7-15 所示的直播传播特质，表现出来的两个方面在影响程度上有着巨大差异，其中，直播本身所具有的传播价值和魅力是最明显的。下面从这一方面出发为大家具体介绍直播爆款的传播特质。

一个直播成为爆款同样体现在两个方面，即社交平台上大效应的传播率和好的口碑传播，下面进行详细介绍。

1. 大效应的社交平台传播

移动社交平台上的三大主力包括微信、微博和 QQ，而直播爆款更是这些平台传播信息中的佼佼者，同时，也只有在三大社交平台上的传播率都够高，才符合直播爆款的要求。

例如，在“一直播”平台上直播的“南岳星空节”演唱会就是一个很好的例子，无论是哪一届，无论是直播前的宣传，还是直播中的关注，该演唱会的传播都是广泛的，特别是在社交平台上，已经形成了一种大效应的传播。

如在微博平台上，2016 年的“南岳星空节”的传播率和关注的用户就非常多，如图 7-16 所示。

▲图 7-16 2016# 南岳星空节 # 微博话题页面

而在微信平台上，“三生三世 · 南岳衡山”2017 南岳星空节—— 群星演唱会的传播更是超前，在其还未举行的前期宣传环节中，演唱会的传播已经如火如荼。朋友圈已经有了众多好友转发的信息，众多公众平台上遍布南岳星空节的推广、传播信息。除“南岳旅游”外，在“新浪湖南旅游”“云台上茶旅集团”“衡阳新闻”等公众平台上也存在相关信息，如图 7-17 所示。

▲图 7-17 微信平台上的直播爆款传播

2. 好的口碑传播

直播爆款的传播特质除了表现在社交平台上有着高传播率外，还表现在其传播口碑上。当直播或直播相关人、事物有着极好的口碑时，打造一款直播爆款节目并获得高传播率也就不足为奇了。

例如，欧莱雅，一直是化妆品行业的翘楚，是一款有着极好口碑的品牌产品，当直播时代到来时，它很好地借助这一平台进行宣传，不仅成了其直播爆款的打造目标，同时也推动了自身品牌的营销。

2016 年，在戛纳电影节上，为欧莱雅代言的巩俐、李宇春和井柏然等明星进行了名为“零时差追戛纳”的直播，特别是在化妆阶段，自然而然地在直播中介绍了代言人所使用的产品，带来了巨大的口碑传播效应。图 7-18 所示为 # 零时差追戛纳 # 直播话题的微博页面。

▲图 7-18 # 零时差追戛纳 # 直播话题的微博页面

而利用欧莱雅好的口碑效应打造的直播爆款，反过来又促进了该品牌的营销——只用了 4 小时，欧莱雅天猫旗舰店明星所用的同款唇膏全部销售一空。

081 延伸特质：**衍生多个领域产品**

作为直播爆款，其所产生的影响并不局限于直播本身，而是包括与其相关的所有产品和品牌，充分表现出了直播爆款的延伸特性——可以衍生出多个领域的产品。与上面其他属性可以表现在众多直播中不同，这一特性的影响一般只针对那些爆款、好口碑的直播，对那些没有大影响力的直播来说，这一特性只是空谈，完全不具备操作性和市场前景。

如亲子真人秀节目《爸爸去哪儿》就表现出了很明显的延伸特质，具体可以从多个方面表现出来，下面举例进行介绍。

（1）大电影

《爸爸去哪儿》热播之后，便借势推出了《爸爸去哪儿》系列大电影，这一爆款综艺在电影领域的衍生品同样获得了巨大反响。

（2）小游戏

《爸爸去哪儿》播出后，不少受众还意犹未尽，产生了一种想亲身体会节目中有趣环节的欲望，《爸爸去哪儿》系列小游戏就是针对受众这一需求而衍生出来的，它也是其爆款延伸特质的表现。

（3）热门歌曲

《爸爸去哪儿》这一真人秀节目推出了其自身的主题曲，使之从综艺节目领域延伸到了热门歌曲领域，如图 7-19 所示。

▲图 7-19 《爸爸去哪儿》热门歌曲

（4）玩具

为了迎合用户和市场需求，《爸爸去哪儿》还推出了多样化的衍生品，特别是针对小朋友的玩具，更是受到粉丝的欢迎。例如，在电商平台上推出了相关的系列玩具，有益智玩具、小工艺品等，如图 7-20 所示。

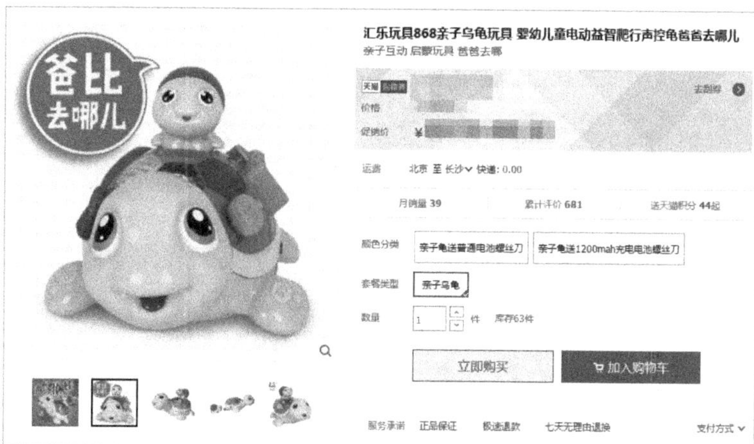

（1）

（2）

▲图 7-20 《爸爸去哪儿》系列玩具举例

（5）书籍

一般来说，在影视作品中，常有的衍生轨迹是从小说开始，然后再跳转到其他领域，具体如下。

◆ **第一层级：**热门小说。

◆ **第二层级：**电视剧、电影。

◆ **第三层级：**手游、网游、漫画。

◆ **第四层级：**主题酒店、手机壳、抱枕等。

然而，直播却有着不同的衍生轨迹，就如同《爸爸去哪儿》，它首先是直播的视频，然后才衍生到书籍出版领域，如亲子、漫画等。如图 7-21 所示为《爸爸去哪儿》相关畅销书。

▲图 7-21 《爸爸去哪儿》相关畅销书举例

（6）旅游

《爸爸去哪儿》是户外节目，有众多的外景拍摄场地，这些场地的风景在节目中为大家所熟悉，也吸引了相关受众去旅游。因此，《爸爸去哪儿》的延伸特质还涉及了旅游领域，如图 7-22 所示。

▲图 7-22 《爸爸去哪儿》延伸至旅游领域

当然，除了上面列举的衍生领域和衍生品外，还出现了其他众多的与之相关的衍生品，如汽车安全座椅、蜂蜜、洗衣液、箱包、糖果和水果等。

第 8 章

百家齐推：个人直播变全民直播

学前提示 >>>

在视频直播发展迅猛的形势下，一个新的概念兴起，那就是“全民直播”，它是个人直播的发展和延伸。

本章将从受众的角度出发，全面解读实现全民直播和推广直播节目的各大渠道和途径。

要点展示 >>>

- 公众号推广：内容直达粉丝
- “手机摄影构图大全”直播
- 朋友圈推广：可信度更高
- 苏宁易购“8·18购物节”
- QQ推广：不容忽视的得力助手
- “520”QQ空间直播引力
- 软文推广：低成本大效果
- 《从你的全世界路过》软文标题
- ……

082 公众号推广：**内容直达粉丝**

微信公众号是企业、商家和个人在微信公众平台上建立的账号，通过打造微信公众号来实现内容群发，且这种内容能直接送达给用户，具体过程如图 8-1 所示。

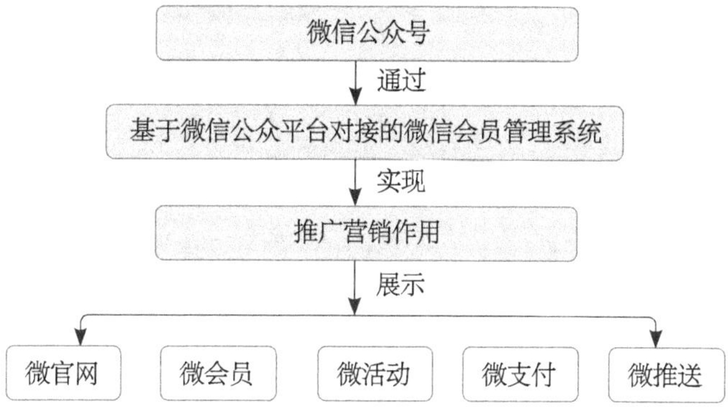

▲图 8-1 微信公众号的内容送达过程

公众号的本质是推广，基于此，在发展视频直播行业时，直播平台和主播也可以通过它来推广直播节目。当然，要想高效地实现推广目标，还要掌握一定的技巧。具体可以从内外两方面着手，下面进行详细论述。

1. 对内：做好自身公众号建设

对自身有着众多用户的直播平台和主播而言，建立一个微信公众号并做好公众号建设是直播节目推广的最佳方式。当然，那些没有大量粉丝和用户的直播平台和主播也可以选择这一方式来聚集粉丝和进行推广。

在公众号建设的过程中，有 3 个方面要加以注意，才能做到事半功倍，具体分析如下。

首先，在编撰内容和进行推广之前，要先做好公众号定位，明确微信公众号运营的目的，这是成就公众号的基础和关键。

这一过程要分两步进行，具体如图 8-2 所示。

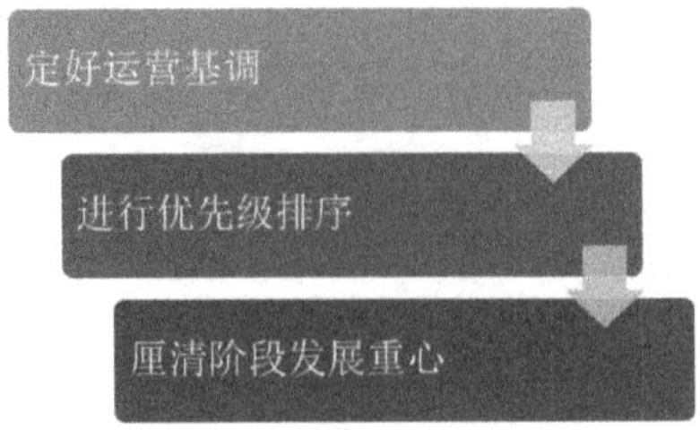

▲图 8-2 微信公众号定位的关键步骤

所谓“定好运营基调”，就是从多个角度对公众号的大致发展方向进行把握，具体内容如下。

（1）目标用户。要确认自身公众号针对的是关注各直播平台的用户，还是有可能对自身节目产生兴趣的广大爱好者。如果是前者，就有必要根据各直播平台的用户数据来完成公众号内容的编撰和推广；如果是后者，就要提升节目内容品质并进行最大范围的推广，以自身熟悉领域的优质内容取胜。

（2）建设目标。需要确认自身公众号建设的首要目标是对内还是对外，继而确定是在对内的形象塑造和品牌关系管理方面下功夫，还是在对外的吸粉引流和促进转化方面下功夫。无论是前者还是后者，都要把首要的建设目标与节目内容、推广信息结合起来，最终向着期望的方向发展。

所谓“进行优先级排序”，就如上面提及的对内和对外的发展目标一样，先发展哪一个目标都不代表着要放弃另一个目标，这只是一个发展先后的问题。

所谓“厘清阶段发展重心”，就是对排序过后的各阶段的发展细节进行确认，并准确把握其中心，为公众号向着更健康、更有利于自身平台和主播发展的方向提供前提条件。

其次，就是要编撰具有吸引力的内容。对平台和主播而言，赢得更多的用户关注和赢得用户更多的关注是其推广节目内容的两个根本目标。这两个目标需要通过内容编撰的各种形式打造来实现，具体如图 8-3 所示。

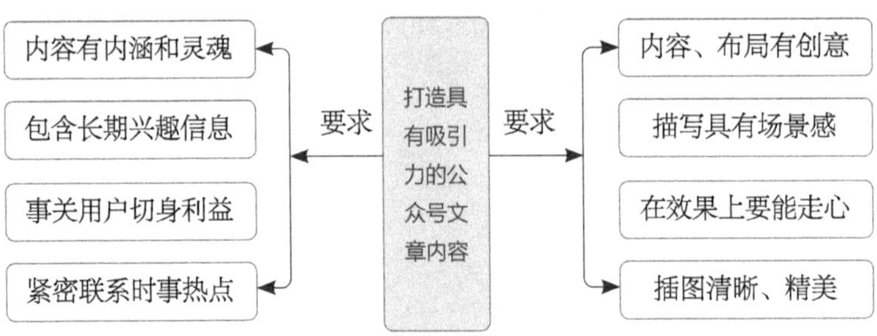

▲图 8-3 打造具有吸引力的公众号对文章内容的要求

最后是公众平台推送内容的体验感。用户需要让人耳目一新的内容类型、形式和布局来丰富他们的体验感，这样用户才会有意愿去点击阅读。从这一角度来看，微信公众号可以从 3 个方面加以提升，具体如下。

- 在内容上加入各种活动，如打折促销、品牌故事等。
- 在菜单中加入商城、多种支付方式等更加便利的入口。
- 在互动中加入游戏互动内容或其他更有效的互动硬件。

2. 对外：寻找实力大号进行合作

当直播平台和主播觉得自身建设和运营一个微信公众号太费精力时，也可以选择与微信公众平台上的实力大号进行合作。具体可以从以下 3 个方面着手合作事宜。

（1）选择合作账号。选合作账号并不是粉丝数量越多和影响力越大越好，而是要选择与自身直播节目有高契合度，且在目标用户群体方面有着重合度的公众号。如图 8-4 所示为直播平台和主播选择实力大号的标准。

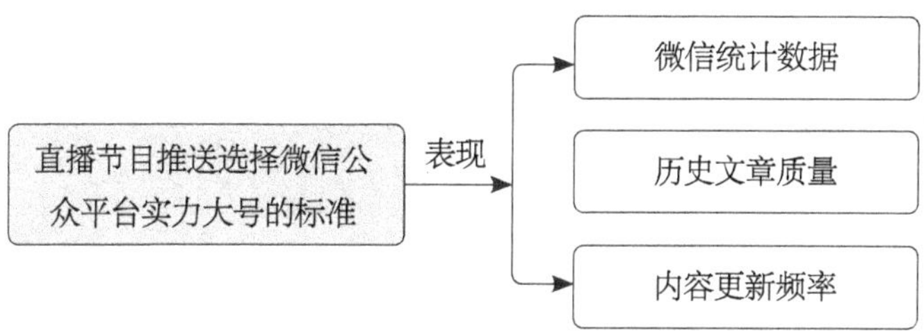

▲图 8-4 直播节目推送选择微信公众平台实力大号的标准

（2）选择广告推送形式。微信公众平台上的广告形式多种多样，无论是单图文还是多图文，抑或是图文底部的文字或图片，或者是文字直发，都是可选择的形式，当然，选择的推送形式不同，其效果也大不一样。

（3）设计好节目广告文案。这是决定转化率的重要条件，因此要多加注意，并掌握好设计的诀窍，具体如图 8-5 所示。

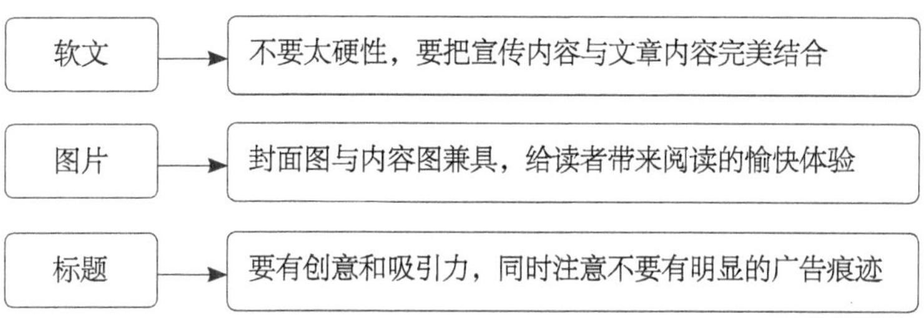

▲图 8-5 直播节目广告文案的设计诀窍

083 “手机摄影构图大全”直播

“手机摄影构图大全”是构图君创建的微信公众号，主打摄影领域的构图垂直领域。经过一年多的发展，该公众号不仅集聚了粉丝，在内容形式上也有了更丰富的呈现，并逐渐发展到了直播领域。图 8-6 所示为“手机摄影构图大全”公众号的主页面和菜单页面。

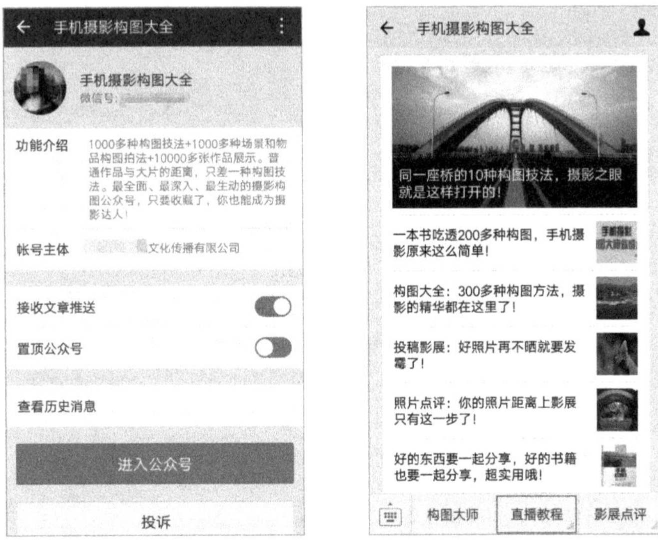

▲图 8-6 “手机摄影构图大全”公众号的主页面和菜单页面

与上面介绍的自建公众号推广直播节目和借助实力大号推广直播节目不同，“手机摄影构图大全”采用的是基于自身平台内容与其他大号和电商平台合作的方式进行推广，从而为直播的推广和发展贡献其力量。

在“手机摄影构图大全”直播节目的推广和发展中，企业和主播及运营者综合了多方面的资源，具体有 4 类途径，下面进行详细介绍。

1. 自身公众号推广

在推广自身直播节目时，企业和主播可以利用自身平台进行直播信息的连续推送，如图 8-7 所示。

在公众号平台上，企业和主播还会对已直播过的内容进行回顾和梳理，以便用户更好地理解和掌握，如图 8-8 所示。

▲图 8-7 直播信息的连续推送

▲图 8-8 直播内容回顾和梳理的信息推送

2. 与实力大号合作

“手机摄影构图大全”公众号是一步步成长起来的，其初建阶段的主要任务就是尽可能地利用优质内容进行引流。基于此，该公众号在进行直播时采用了与摄影领域实力大号“玩转手机摄影”合作的方法来推出直播内容，开展了一场在千聊 Live 上的直播微课。图 8-9 所示为“玩转手机摄影”公众号推出的直播节目信息。

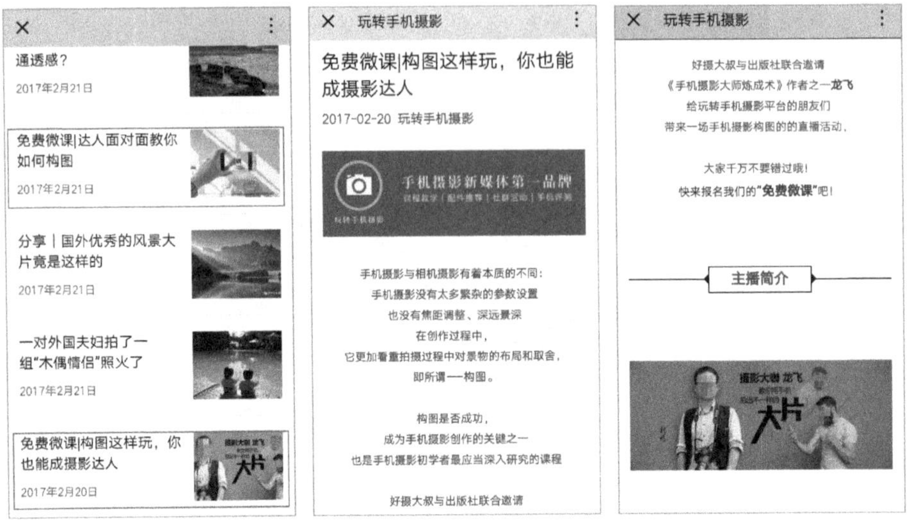

▲图 8-9 “玩转手机摄影”公众号推出的直播节目信息

3. 对接电商平台

构图君不仅是“手机摄影构图大全”公众号的创建者，同时还是一个精于摄影的作家，著有几十本摄影构图畅销书。这些书籍在京东商城上都有销售。基于这一点，“手机摄影构图大全”公众号又对接京东平台推出了构图君的京东直播。

084 朋友圈推广：**可信度更高**

在微信平台上，各个功能和构件对推广在用户中所产生的影响和信任程度是不同的，区别如图 8-10 所示。

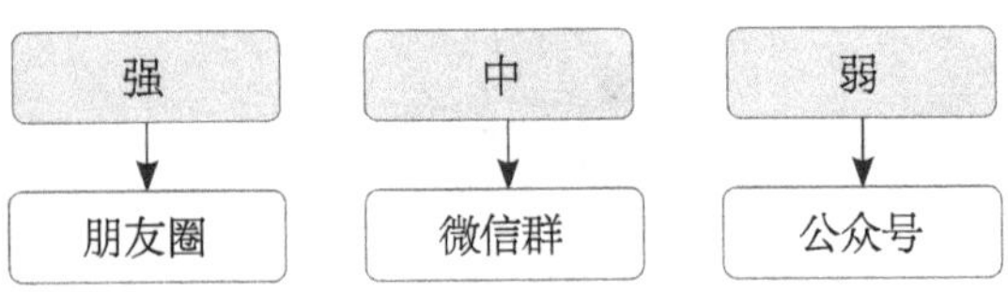

▲图 8-10 用户对微信平台上各个功能和构件推广内容的信任程度比较

其中，朋友圈这一基于熟人社交的强关系平台对直播信息推广的影响是不容小觑的。要想在朋友圈中实现更广范围的推广，就要通过自身的公众号平台和其他新媒体平台推出信息，然后再逐步扩散到好友中，而在好友这一群体中，运营可以分两步进行，具体如下。

1. 微信群覆盖：完成“朋友圈”量的推广

相对于朋友圈来说，微信群的社交联系明显弱化很多，但它也是基于朋友这一圈子推广的主要途径，更重要的是，它能在量上取胜。因此，企业和主播可以第一时间把信息转发至微信群中，完成关系网的第一层级传播。图 8-11 所示为转发至微信群的直播节目信息。

▲图 8-11 转发至微信群的直播节目信息

2. 朋友圈宣传：完成“朋友圈”质的推广

在微信朋友圈中分享转发的信息所产生的影响程度更深，这是由朋友圈中各组成人员与用户的关系决定的，如图 8-12 所示。

对那些刚进入视频直播领域的企业和主播而言，微信朋友圈的直播节目推广显得尤为重要。这是他们打开推广场景和扩大受众范围的第一步，也是最重要的一步。在朋友圈中分享转发的那些受众将会成为企业和主播最初的传播体和最忠诚的粉丝。

图 8-13 所示为转发至微信朋友圈的直播节目信息，作为好友圈子推广传播的重要一步，其最主要的作用还是在其强关系和转化率方面。

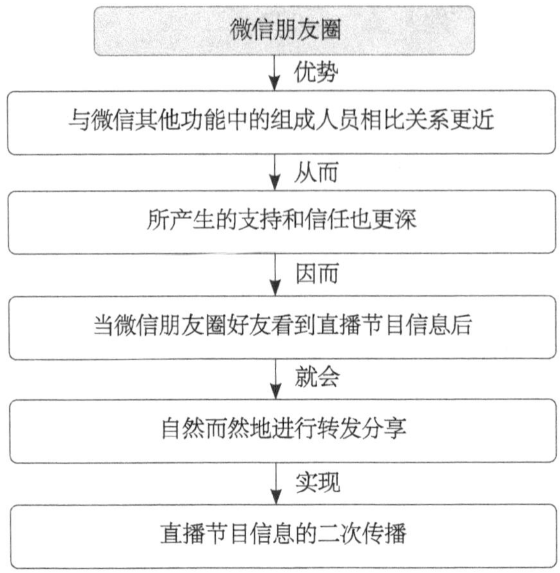

▲图 8-12 微信朋友圈推广的优势分析

▲图 8-13 转发至微信朋友圈的直播节目信息

085 苏宁易购“8·18购物节”

上面已经对朋友圈的直播推广进行了比较详细的介绍。其实，朋友圈中的推广信息是多样化的，且根据企业和商家性质的不同，主要包括两类，如图8-14所示。

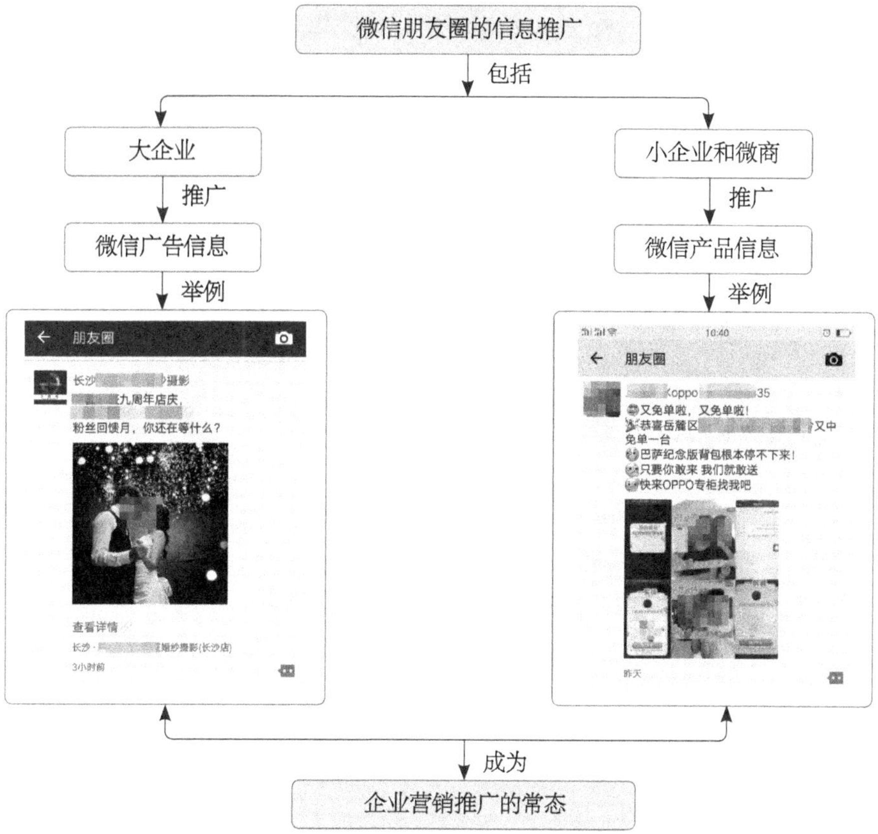

▲图 8-14 微信朋友圈的信息推广主要分类

图片、文字类信息可以这样推广，视频直播行业的信息推广也是如此。比如，苏宁就在其网上购物平台上进行直播，并在朋友圈发布了推广广告，从而获得了更大范围的传播。图 8-15 所示为苏宁易购在微信朋友圈发布的“8 · 18 购物节”的直播广告。

▲图 8-15 苏宁易购在微信朋友圈发布的“8 · 18 购物节”直播广告

值得注意的是，苏宁易购发布的图 8-15 所示的直播广告是掌握了一定的策略和技巧的。这也是大企业在朋友圈发布直播广告的总体要求，具体应该注意两个方面，如图 8-16 所示。

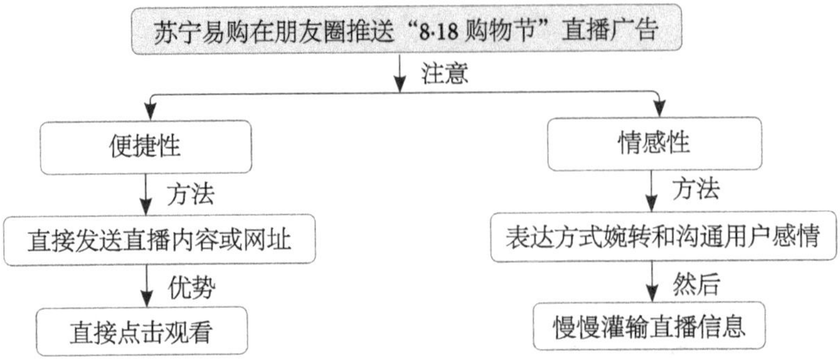

▲图 8-16 苏宁易购在朋友圈推送“8 · 18 购物节”直播广告的要求

086 QQ 推广：**不容忽视的得力助手**

在各种平台和社交网站中，QQ 都是一个不容忽视的存在，QQ 对营销传播和推广来说有着同样重要的意义，因而，各企业、商家围绕这一平台展开了各种各样的营销。图 8-17 所示为 QQ 平台的营销分析。

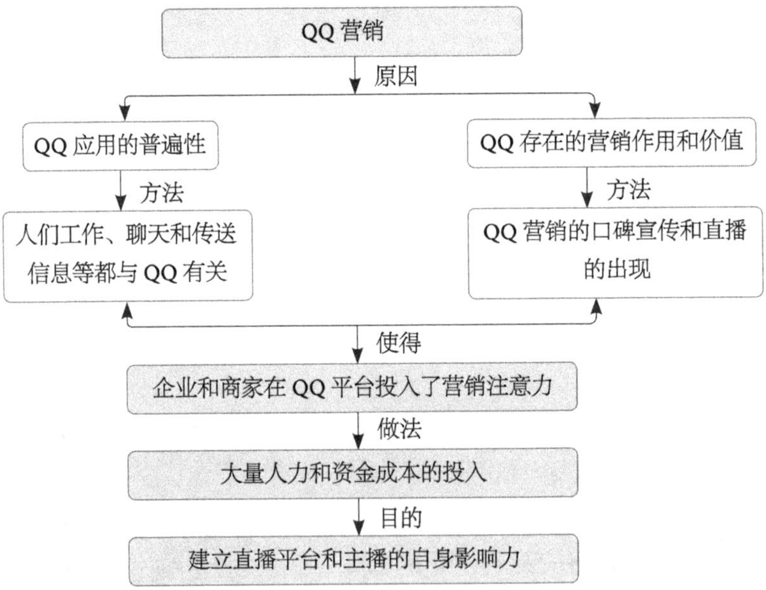

▲图 8-17 QQ 平台的营销

随着 QQ 平台直播功能的加入，这一平台的营销功能更是被企业和商家所关注，如果再在其中结合运用 QQ 平台原有的功能，那么，其直播宣传和营销效果将是不可估量的。具体说来，在 QQ 平台上进行视频直播节目的宣传可以从以下 4 个方面入手。

1.QQ 群

QQ 群有着巨大的商机和推广宣传市场。利用 QQ 群为直播推广提供助力有两种方式，具体如下。

（1）建群

直播节目的主播可以建立一个群，把受众和好友拉进群中，然后利用 QQ 群的功能拉近主播与粉丝之间的距离，如图 8-18 所示。

在 QQ 群建立并积累了众多粉丝后，企业和主播发布的直播信息将会被群中所有人接收，效果不亚于微信公众号推广内容的直接送达，且这样有利于直播信息的全面覆盖，是一种非常有效的推广方式。

（2）加群

除了自建群外，企业和主播还可以通过申请加入其他群来聚集粉丝和推广直播信息。在这一过程中，企业和主播要注意选择合适的群，即根据直播的内容主题来选择群，例如，直播内容与摄影相关就搜索“摄影”申请加群，直播内容与美妆相关就搜索“美妆”申请加群。

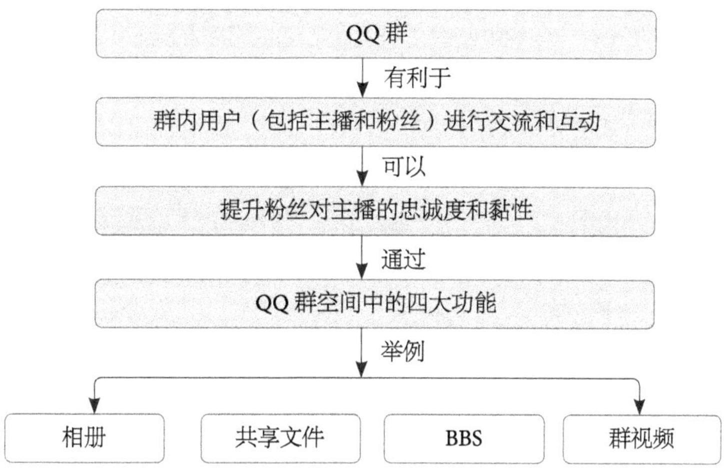

▲图 8-18 自建 QQ 群的粉丝运营

此外，企业和主播还应该在加入群后进行巧妙融入和维护，也就是说，应该先与群内成员打好关系，互动熟悉之后再逐步加入企业和主播的直播信息。这在一定程度上会让群内成员有兴趣接受直播信息并关注直播。

2.QQ 空间

QQ 空间是一个极具个性化的平台构件，对于直播信息推广而言，QQ 空间的优势主要表现在两个方面，具体分析如图 8-19 所示。

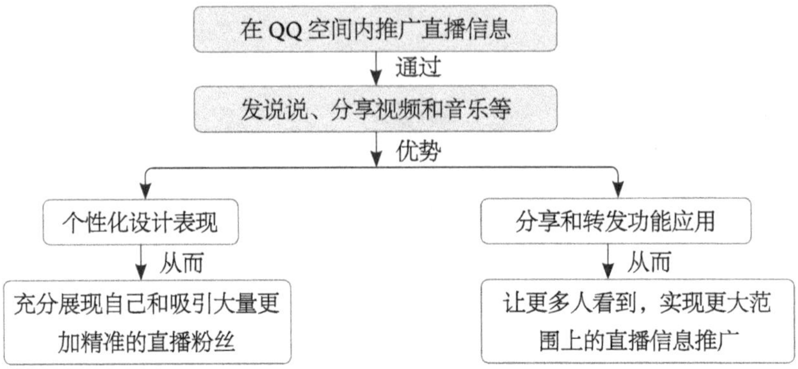

▲图 8-19 在 QQ 空间内推广直播信息的优势

3.QQ 个性签名

与微信个性签名一样，QQ 签名同样可用于直播信息的推广，具体做法为在“编辑资料”界面的“个性签名”一栏中输入直播的主播名和直播号，就能很好地进行直播宣传推广，如图 8-20 所示。

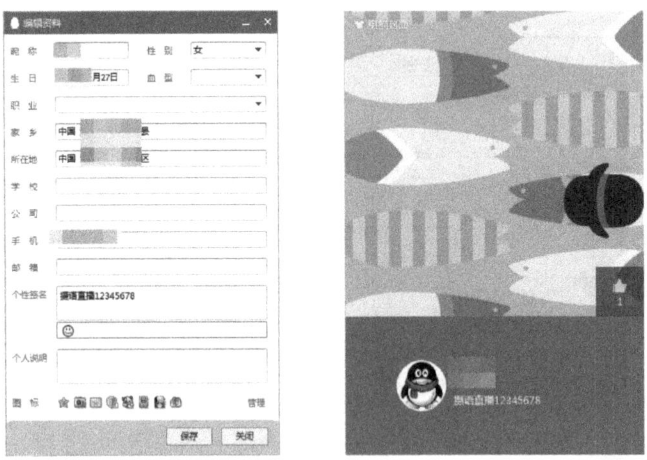

▲图 8-20 QQ 个性签名直播信息推广

4.QQ 信息回复

QQ 作为一个社交平台，要与好友和粉丝打交道，因此可以借助相互间的互动，设置一些包含直播节目信息的自动回复信息，这样也能吸引用户关注并让用户及时接收，从而促进企业和主播的直播推广。

087 “520”QQ 空间直播引力

在信息化时代，一些经典的数字语录和网络节日应运而生，它们是时代环境下创新的情感表露，如图 8-21 所示。

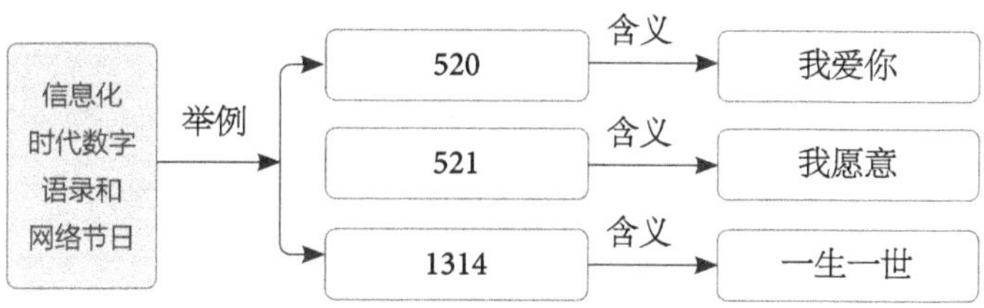

▲图 8-21 信息化时代数字语录和网络节日举例

其中，“520”就是大家所熟知的网络情人节，受到了众多网友和媒体的追捧。基于此，各行业、各企业和商家都积极利用这一节日进行营销推广，直播也不例外。

2016 年 5 月 20 日，QQ 空间与直播发展出现了一个大的跨越。在这一天，基于 QQ 空间全线直播功能的开启和经典网络节日的气氛营造，实现了从个人直播到全民直播的巨大转变。

QQ 空间直播平台是一个全面呈现普通人最真实生活的直播平台，其直播节目的打造也是基于这一定位核心而展开的，如图 8-22 所示。

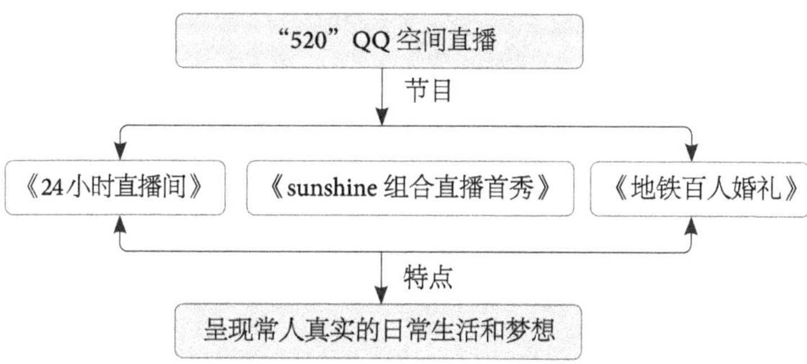

▲图 8-22 “520”QQ 空间直播

更重要的是，在 QQ 空间直播平台上，不仅有直播平台安排的普通人的直播节目，还有直播受众自身基于影像分享的生活直播瞬间，他们利用直播与好友进行各种互动，如直播聊天、旅行实景考察和大餐分享等。

在上述两类直播的支撑下，QQ 空间 520 直播创下了 1 700 万人互动参与和点赞的好成绩。这完全是普通人的真实生活呈现所带来的结果，而不再是网红主播和粉丝的直播打造。

可以说，在QQ空间直播平台上，“主播”和“粉丝”成了被重塑的两个概念，完全不同于一般的直播平台。直播内容也发生了巨大的变化，走出了秀场直播的“神坛”，而专注于好友互动的直播功能提供，为实现全民直播提供了一个绝佳的场所。图8-23所示为QQ空间直播普通人社交回归和真实生活聚焦互动解读。

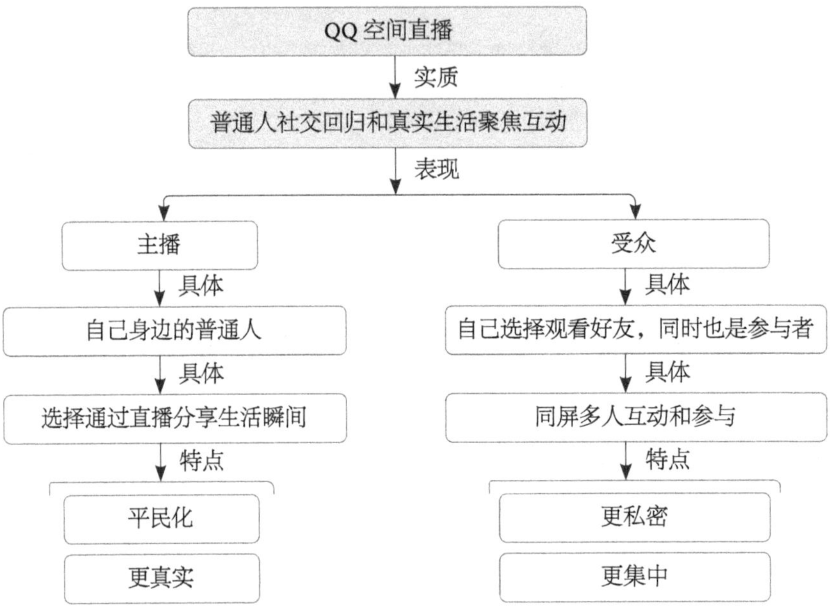

▲图8-23 QQ空间直播的普通人社交回归和真实生活聚焦互动

088 软文推广：**低成本大效果**

顾名思义，软文是相对于硬性广告而言，由企业的市场策划人员或广告公司的文案人员负责撰写的“文字广告”。和其他广告形式相比，软文广告无疑是一种低成本的广告，但就是这样一种低成本的广告形式，却创造出了巨大的推广和营销效果。基于此，视频直播行业也积极利用这一形式进行直播推广。

想要吸引用户点击阅读直播类信息的软文并实现很好的转化，就要掌握一定的软文撰写技巧。关于软文标题和正文的撰写，应该从吸引受众的角度出发来进行把握，从而提升用户的关注度，实现直播信息的推广，具体内容如下。

1. 绑定兴趣点

不同用户在一定的时间范围内，会因为某些原因而对某一领域和方面感兴趣。在直播推广和软文撰写的过程中，运营者从用户长期感兴趣的方面着手，将软文标题、内容与之绑定，结果必然更易引起读者的关注。

2. 凸显利益点

生活中总是存在着与人们的切身利益相关的话题和关注点，如出行的人会关注目的地的天气信息，投资股票的人会关注股市行情和相关行业的政策变化，社会大众会普遍关注养老政策的变化等，这些都是大众基于其切身利益而关注的方面。

在直播信息推广中，软文撰写者基于众多读者的利益点切入，找准读者关注的热点和话题点，在此情况下撰写的软文不难引起读者点击阅读。

例如，人生最重要的无非是生活和事业，当推广的软文能把直播节目与这两个方面中的一个直接联系起来，让人感受到其价值和利益点，那么受众自然而然地会去点击阅读，进而关注具体的直播内容。图 8-24 所示为千聊 Live 平台发布的一篇题为《因为不懂 Excel 技能，你错过了多少次升职机会？》的软文。

▲图 8-24 点出利益点的直播软文推广

这篇软文不仅在标题上点明了掌握 Excel 技能对升职的影响，还在正文中举例说明了掌握这一技能的重要性，为在事业发展中有着期望值和相关性的受众提供了一个关注的理由。

3. 切入话题热点

所谓“热点”，就是在一定时期内容易受到人们关注的话题或信息，主要包括两个方面的内容，如图 8-25 所示。

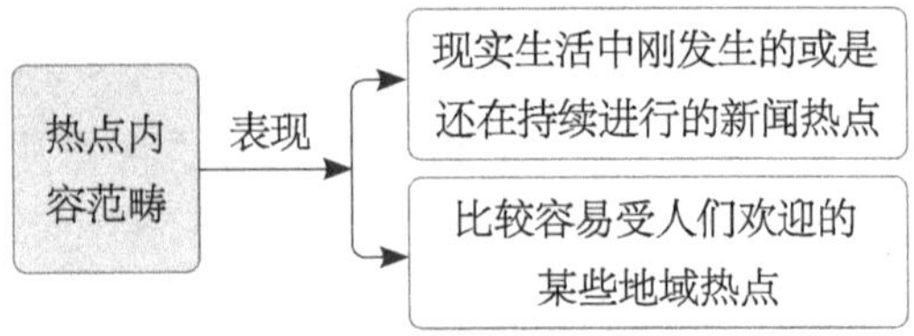

▲图 8-25 热点的内容范畴

更重要的是，这种热点可以在纵向深入和横向延伸方向进行衍生，具体内容如下。

- 一个时间段内的热点事件中的某一深入热点。
- 与热点具有关联性的横向延伸的扩散热点。

“热点”之所以成为“热点”，就在于其备受人们的关注和分享。关注者的基数决定了热点的吸引力大小。在关注者众多的条件下，软文撰写者可以在软文的标题和内容中嵌入热点话题，就可以极大地提升软文的搜索率，从而实现软文引流的目的。

例如，在《如何培养出让北大甘愿降 200 分录取的孩子？》一文中，就在标题和内容上把直播教育与高考热点结合了起来，如图 8-26 所示，此举不仅完成了切入话题热点的目标，而且充分展现了直播教育的价值和利益点，可谓是从受众的双重关注点切入打造了一篇成功的软文。

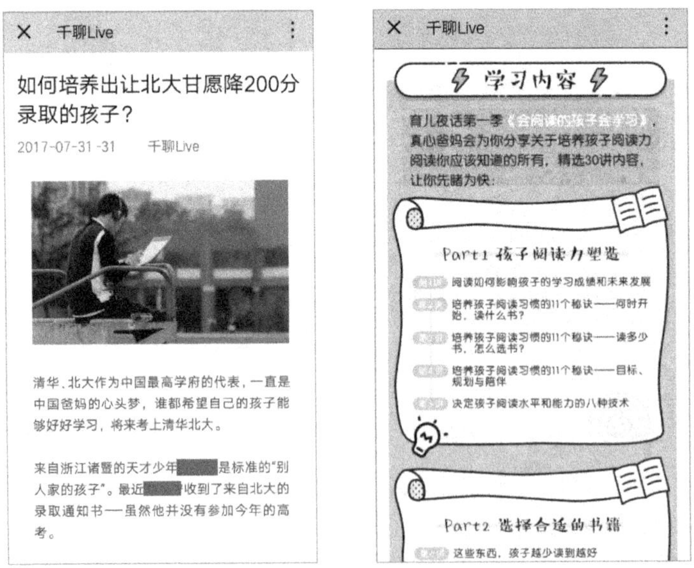

▲图 8-26 切入话题热点的软文推广

089 《从你的全世界路过》软文通稿

电影与直播有相通之处，利用一定的直播呈现可以对电影进行宣传。《从你的全世界路过》就是一部充分利用直播进行宣传的电影。而在其直播推广中，又借助了软文的巨大影响力推进了这一宣传进程。

具体说来，利用软文宣传电影可以分为 3 个阶段，且不同阶段的软文宣传重点也是不同的，如图 8-27 所示。

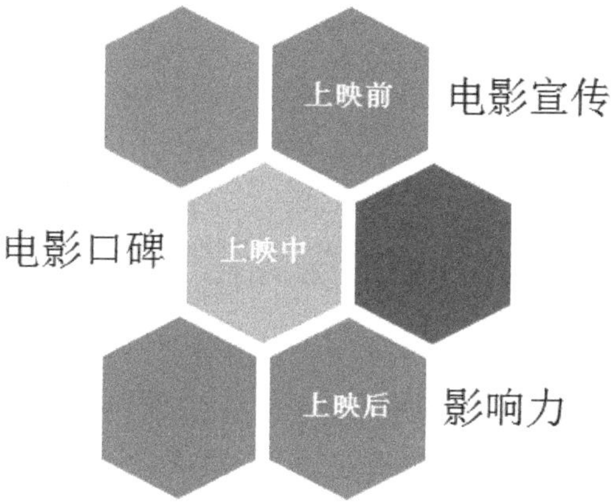

▲图 8-27 电影路演直播的软文宣传各阶段重点

其中，电影上映前的宣传是一个重要的阶段，想要在这一阶段为电影宣传做好充分预热，就应该从多个方面着手，下面进行详细介绍。

1. 全网软文宣传

在《从你的全世界路过》电影上映前，基于路演直播扩大宣传的目标，主办方采用了借助明星人气和软文结合的方式来发布直播通稿。在具体宣传中，借助影片中的一个因一部电视剧而人气大火的主演，着手进行粉丝见面会直播，并发布软文通稿把这一直播推广信息宣传给更多的受众，从而让受众在观看直播的过程中了解和宣传电影。

2. 微博大 V 宣传

一部电影的主演，一般也会是多个微博平台的大 V，《从你的全世界路过》也是如此。利用影片中主演是微博大 V 的巨大影响力，发布微博软文，从而让更多人通过直播提前了解电影。图 8-28 所示为《从你的全世界路过》在微博平台上的大 V 软文。

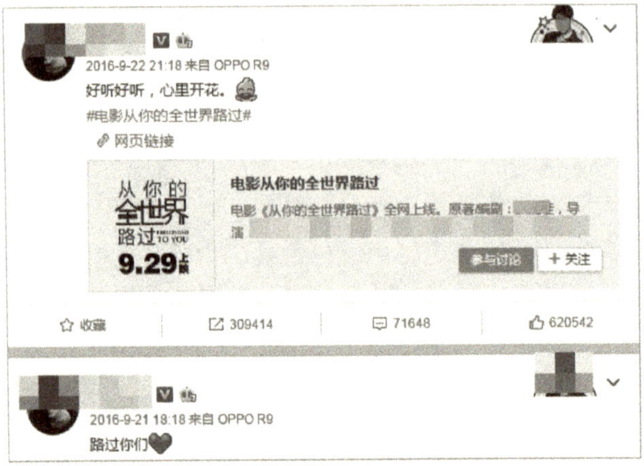

▲图 8-28 《从你的全世界路过》相关微博大 V 软文

090 微博大 V 推广：**目标最大化**

上面已经提及了直播软文的微博大 V 推广，本节将对此推广方法进行详细介绍。所谓“微博大 V”，就是在各微博平台上有着众多粉丝且已获得认证的高级用户，其名称的由来起源于其微博昵称附有的字母图标“V”，如图 8-29 所示。

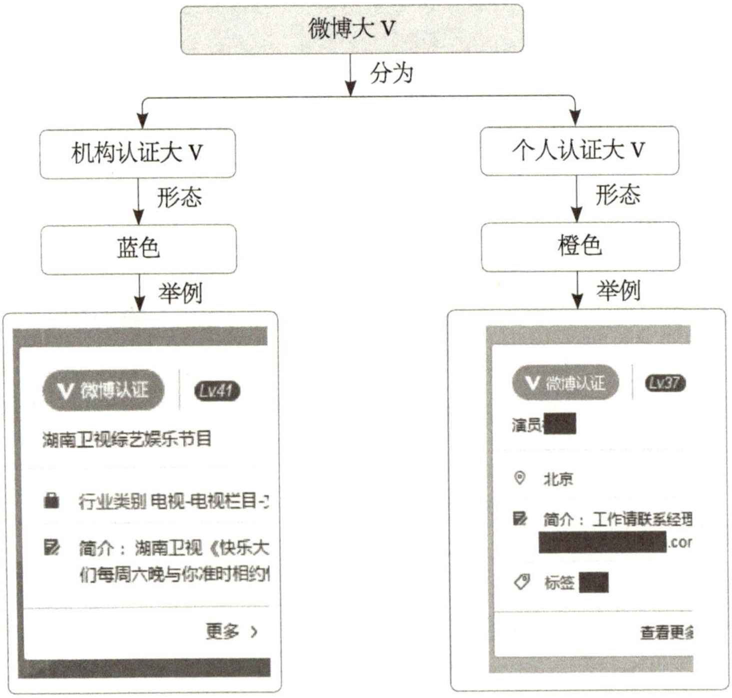

▲图 8-29 微博大 V 的分类介绍

微博大 V 是微博这一社交平台上有着巨大影响力的特殊群体，这一群体在各种信息推广方面有着极大的优势，可以作为重要的推广渠道而发挥巨大的营销作用。图 8-30 所示为微博大 V 的推广优势分析。

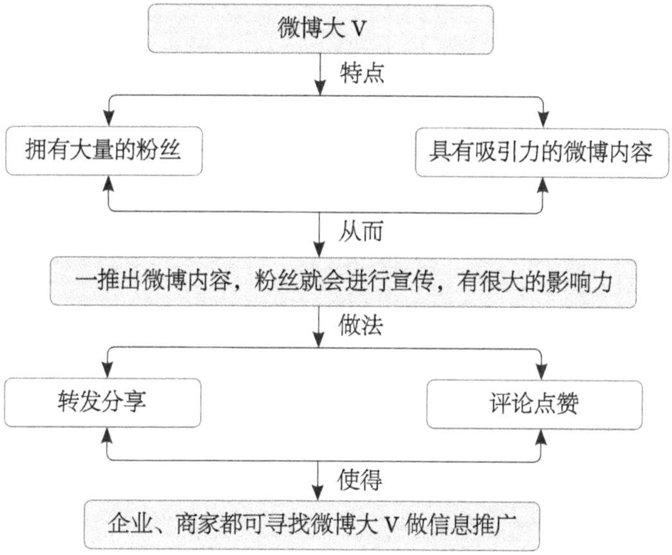

▲图 8-30 微博大 V 的推广优势分析

基于微博大 V 的推广优势，企业、商家在进行推广时，都试图与其合作实现宣传范围的目标最大化，视频直播领域的推广也是如此。那么，企业和商家应该怎样利用微博大 V 进行直播节目的推广呢？具体来说，其重点在于如何选择合适的微博大 V 来进行合作，对这一问题应该从两个方面来考虑，内容如下。

1. 行业相关性

当企业和商家的自身行业属性与某微博大 V 有相关性时，它们之间就会有相似的粉丝群体和受众目标，因而在直播内容需求和产品需求上也是相似的，他们成为直播节目合作方的概率就会大大提升。

假如企业和商家是饮食行业的，它们进行直播推广的内容就是关于美食的，此时就可寻找相关内容的微博大 V，如果能再基于具有一定地域性的微博大 V 来进行推广，其效果将更佳。

2. 宣传口碑好

对于受众来说，企业和产品的口碑很重要，它们是获得受众信任的基础条件。

只有拥有好口碑的企业和产品以及微博大 V，才能让受众更好地接收并信任其推送的信息。一个拥有好口碑的微博大 V，随着运营者和受众的双向互动增多，必然会产生巨大的效益，具体如下。

- ◆ 受众忠诚度提升。
- ◆ 受众转化率提高。
- ◆ 微博大 V 形象优化。

况且，好口碑是平台内容真实性、准确度高的表现，由此会在一定程度上让受众产生“内容真实而准确，那么其推广的信息也必然更有效，推广的产品也将是真实的”这一认识。因此，选择宣传口碑好的微博大 V，必然会提升直播推广信息的价值。

091 微博话题讨论：**加强互动性**

各类直播节目都是围绕一个特定主题展开的，不同类别的直播有不同的主题，有时相同类别的直播节目也可以根据其与外界热点和时事的结合而采用不同的主题。那么，在微博平台上应该怎样运用话题来开展直播推广呢？

一般来说，热点是更多人所关注的，因此，把直播推广的微博话题与热点结合起来，就会达到事半功倍的效果。例如，大家所熟知的“8.18”就是一个很好的微博话题打造切入点，苏宁就打造了“# 苏宁易购 818 发烧购物节 #”“# 苏宁易购 818 发烧节 #”和“# 全民狂欢 818 #”等话题，如图 8-31 所示。

在微博平台上，苏宁易购打造的上述话题实现了与受众的良好互动，如以“# 苏宁易购 818 发烧购物节 #”话题为例，仅一个微博账号就吸引了众多人评论，如图 8-32 所示。

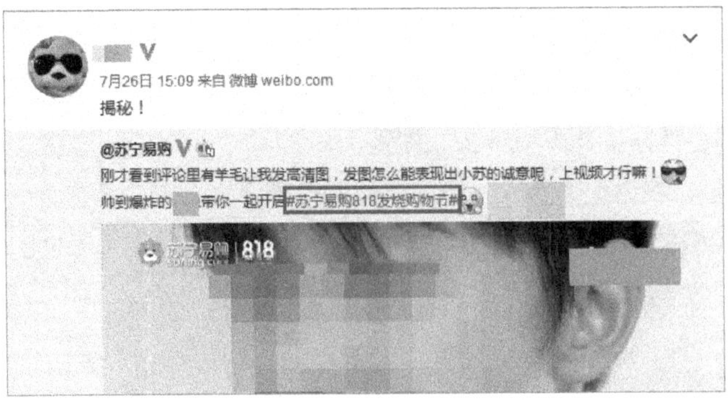

（1）

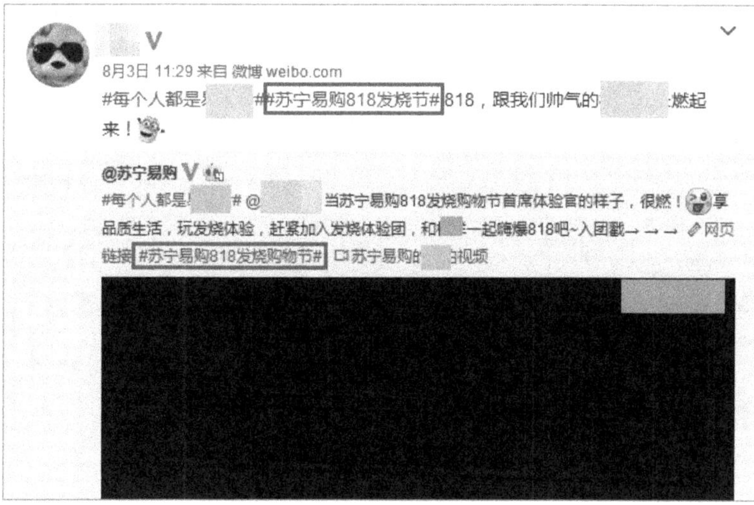

（2）

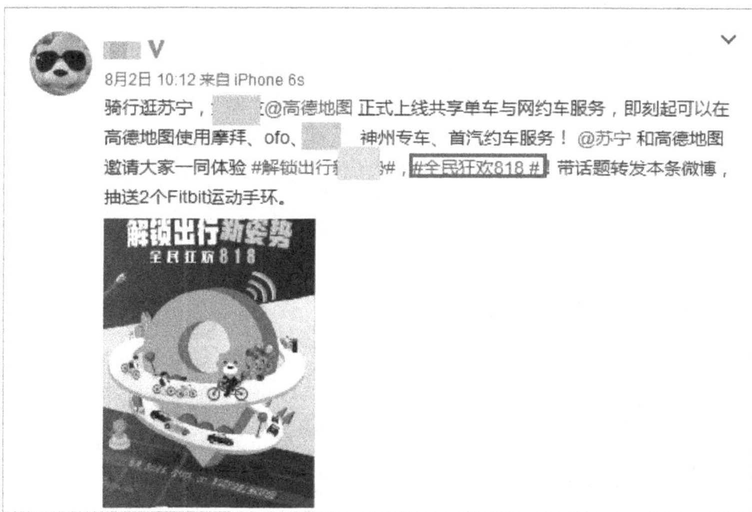

（3）

▲图 8-31 苏宁结合“8.18”时间热点打造的微博话题

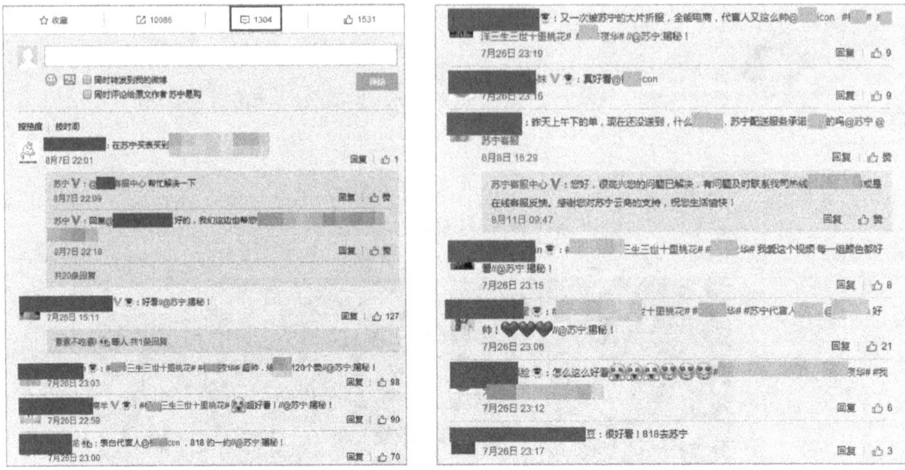

▲图 8-32 关于话题 # 苏宁易购 818 发烧购物节 # 的评论互动

从图 8-32 中可以看出，这些评论针对其代言人、客服和产品等问题进行了频繁互动，让受众在互动中了解直播、了解品牌，进而引导受众进一步关注苏宁易购，为平台吸引巨大的流量。通过上面提及的话题，苏宁易购的 8.18 直播的推广和传播的渠道已经打通——打开“苏宁易购”的直播节目，可以看到苏宁易购平台上众多品牌的直播都获得了大量的受众，如图 8-33 所示。而这些受众所带来的购买量之大可想而知。

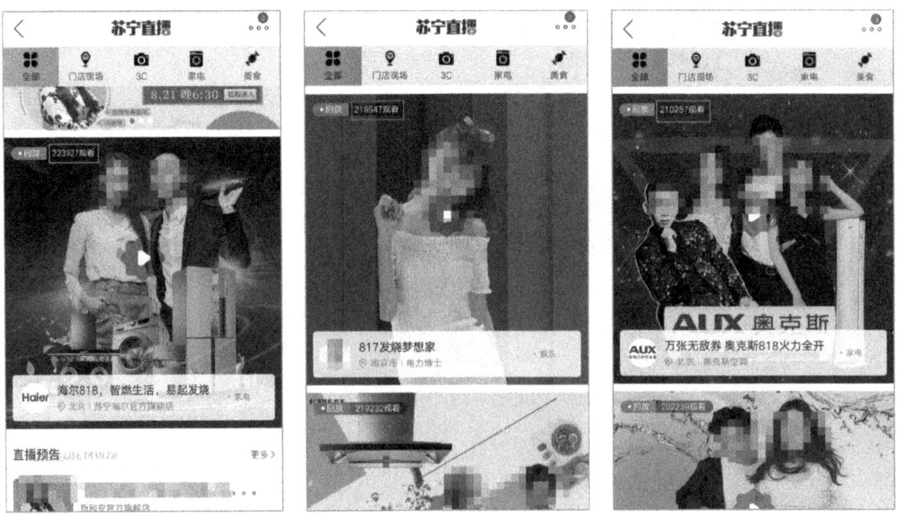

▲图 8-33 苏宁易购 APP 平台吸引的直播流量

092 “小米5黑科技”直播

小米5是一款集众多科技于一身的手机，为了让人们更加了解小米5的功能和特性，小米公司推出了“小米5黑科技”直播，进一步宣传小米5手机和小米品牌。为了让直播获得更好的宣传和引流效果，公司采用了诸多宣传手段来辅助直播宣传，微博就是其中一个重要途径，其具体做法有如下两种。

1. 微博大V：雷军

雷军是小米品牌的缔造者，拥有大量粉丝，仅微博平台的粉丝就超过了1 800万人，是名副其实的微博大V。借助这一流量优势，雷军参与主持了“小米5黑科技”的直播并发出了微博宣传，如图8-34所示。

▲图8-34 微博大V的“小米5黑科技”直播宣传

2. 微博话题：#小米5黑科技#

在微博话题的运用方面，“小米5黑科技”直播的宣传也很到位，吸引了16.3亿人阅读，可见其直播宣传在借助微博话题方面的重要性和有效性。

除上述两种推广途径外，在微博平台上还可以通过微博热搜来进行推广。只要输入关键词“小米5黑科技”，就可以在直播推出的火热宣传的阶段为推广增添动力，在打造宣传大势的同时也能让更多受众看到。这样，直播的宣传也就在微博平台展现出了最大的效用。

第 9 章

营销目的：
盈利变现是关键

学前提示 >>>

直播营销的最终目的是获利。这也是进行和发展直播营销的关键。那么，直播这一内容呈现形式要怎样才能实现变现并盈利呢？

本章将从8种盈利变现模式出发，具体介绍视频直播营销的盈利变现实现过程。

要点展示 >>>

- ◆ 粉丝付费鼓励
- ◆ 受众现场订购
- ◆ 植入产品广告
- ◆ IP电商导流
- ◆ 优质内容付费
- ◆ ……

093 粉丝付费鼓励

粉丝付费鼓励，也就是俗称的“打赏”，它是随着直播兴起而出现的一种盈利模式，与会员、VIP等强制性付费模式相比，它是一种截然相反的主动性付费模式，如图 9-1 所示。

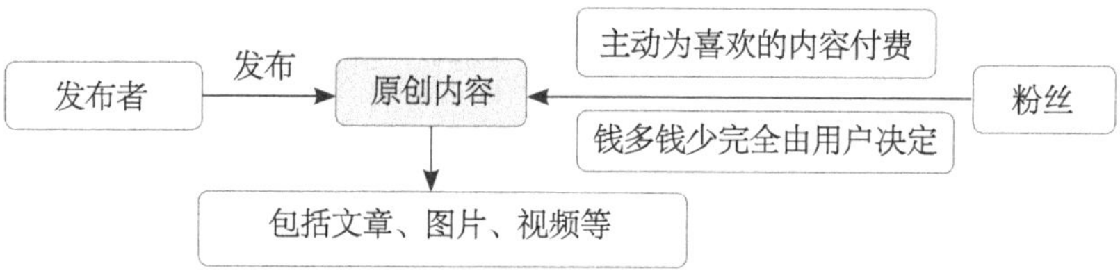

▲图 9-1 粉丝付费鼓励的变现模式

粉丝付费鼓励与广告、电商等变现方式相比，其用户体验更好，但收益无法控制。不过对于直播界的超级 IP 来说，用这种方式获得的收益通常不会太低，而且可以在短时间内创造大量的收益。

粉丝付费鼓励的连接入口一般都位于页面右侧或下方，如在移动终端上多位于手机页面右下角；在 PC 端上多位于直播屏幕的右下角。如图 9-2 所示。

▲图 9-2 粉丝付费鼓励的连接入口

对于直播而言，打赏是一种主要的盈利变现模式，在直播过程中比较常见。粉丝付费鼓励的打赏包括以下两种，一是虚拟物品鼓励，二是直接现金鼓励。

其中，直播界的虚拟物品鼓励多出现在视频直播中，其变现流程包括两个步骤，下面以斗鱼直播为例进行介绍。

步骤 01 受众点击充图标，进入“充值鱼翅”界面进行充值——用现金兑换直播平台上的虚拟货币，如图 9-3 所示，即可完成充值。

步骤 02 点击图标，进入相应界面，在“礼物”列表中选择礼物，用虚拟货币购买各种虚拟物品打赏给主播，如图 9-4 所示。

▲图 9-3 虚拟货币兑换

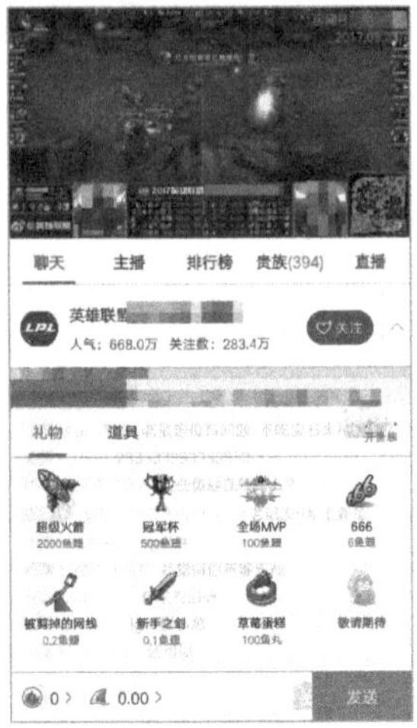

图 9-4 用虚拟货币购买虚拟礼物

而直播平台和主播之间会对获得的实际收益按照一定的比例分成。用这种方式进行盈利变现和主播分成的营销模式案例如图 9-5 所示。

▲图 9-5 视频直播中的虚拟物品鼓励的盈利变现案例

而直接现金鼓励的盈利变现模式一般出现在语音直播中，如图 9-6 所示。

▲图 9-6 直接以现金鼓励的粉丝付费盈利变现案例

> **温馨提示** 直接现金鼓励的盈利变现模式除了出现在语音直播中外，也出现在多个平台的视频直播中，如花椒直播、聚美优品等，与语音直播一样，它们也是以红包的形式出现的。

当然，在直播中想要获得更多的粉丝鼓励，除了提供优质的直播节目内容外，还需要一定的技巧。

094 受众现场订购

上面提及的粉丝付费鼓励的盈利变现模式主要出现在一些以才艺、亲身经历和干货内容的直播中，当受众观看到精彩之处时就会进行打赏。而对于一些有着自己产品的企业和商家来说，其直播所产生的盈利变现主要还是通过其产品的销售实现，为直播吸引足够的流量，最后让流量转化为实际销量。这样的盈利变现模式就是受众现场订购模式。

受众现场订购模式带给主播、企业和商家的是实际的现金流，而想要获得现金流就要让受众下单购买产品。因此，在进行直播时，运营者有必要从以下两个方面出发设置吸睛点吸引用户下单。

一方面，在标题上设置吸睛点，如加入直播节目中的产品能给你带来改变的词汇，如“早秋这样穿减龄 10 岁”，其中“减龄 10 岁”明显就是一个吸睛点；

或是在标题中展现产品的差异点和新奇点，如“不加一滴水的面包”，如图 9-7 所示。

采用上面的方法设置直播节目标题，可以在更大程度上吸引更多的受众关注，而有了受众也就有了更多的流量，此时只要直播推广的产品品质优良，那么受众现场下单订购也就水到渠成了。

▲图 9-7 置入吸睛点的直播节目标题

另一方面，可以在直播过程中设置吸睛点。这一方法同样可以通过两种途径来实现：

一是尽可能地展现优质直播内容的重点和中心点或产品的优异之处，让受众在观看的过程中受到启发，从而现场下单订购。如在淘宝直播上，当服饰、美妆产品的实际效果展现出来时，其完美的形象和效果就会促使很多人下单，甚至可能出现一分钟之内订单暴涨的情况，如图 9-8 所示。

▲图 9-8 服饰直播节目效果展示的现场下单订购

二是在直播进行了一段时间后，间断性地发放优惠券或进行优惠折扣，这样可以促使还在犹豫的受众下单，如图 9-9 所示。

▲图 9-9 直播过程中发放优惠券促使受众现场下单订购

> **温馨提示**
>
> 发放优惠券和进行优惠折扣是有时间选择的，假如在直播开始时，还没有让受众看到实际的产品效果和优质内容，那么受众是不会下单订购的。因此，进行优惠折扣时，最好选择在直播中间时段或离结束不远的时段，此时产品展示的效果加上时间的紧迫感，会让那些还在犹豫的受众迅速下单。

095 植入产品广告

在直播领域中，广告是最简单直接的变现方式，直播节目和主播只需在自己的平台或内容中植入商家的广告，即可获得一笔不菲的收入。其中，广告的内容变现形式主要包括两类，即硬广告和软植入，具体介绍如下。

1. 硬广告

所谓“内容即广告”，这是众多视频节目的本质体现。因此，企业和商家可以直接在直播节目中发布商家的广告，也可以直接转发商家在其他平台上的广告和内容。图 9-10 所示是《我是歌手》直播过程中发布的硬广告。

（1）

（2）

▲图 9-10 《我是歌手》直播过程发布的硬广告

> 温馨提示
>
> 在现代社会中，任何一种产品、服务的营销推广都离不开宣传，尤其是在直播营销兴起的今天，商家更是频出奇招，而符合受众需求且粉丝众多的直播中的硬广告则是非常有效的宣传方式。
>
> 不过，创业者和企业需要注意一点，那就是在每条广告中要尽可能地加入正能量概念。这样当受众购买你的产品或提到主播时，心中就会充满正能量。

2. 软植入

软植入指的是商家广告通过直播内容不着痕迹地植入用户心中，为自己的产品做宣传，广告的痕迹很弱。例如，直播综艺《爸爸去哪儿》中的沃尔沃 XC90 广告，如图 9-11 所示。

（1）

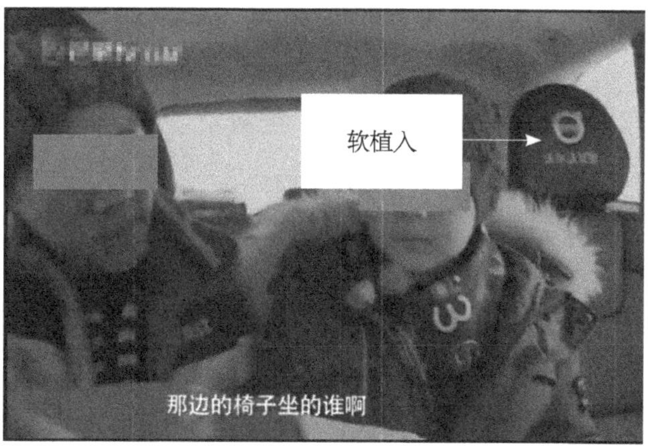

（2）

▲图 9-11 直播中软植入的产品广告

096 IP 电商导流

在直播领域中，很多内容都是与电商业务联系在一起的，特别是一些直播 IP，其在布局电商业务的同时又利用本身的强大号召力和粉丝基础，以直播的内容形式吸引流量，进行导流和电商变现。

例如，淘宝直播就是一个以网红内容为主的社交电商平台，为明星模特红人等直播人物 IP 提供更快捷的内容变现方式。淘宝直播的流量入口在手机淘宝的主页下方。

进入淘宝直播栏目后，即可看到很多淘宝直播的主播发布的图文内容，这些内容大部分都是主播们原创的，图片也是主播亲身体验后拍摄的。在淘宝直播中，有很多主播的真实身份其实是美妆达人、时尚博主、签约模特等。

另外，其他直播平台上同样存在利用主播的高人气引导受众进入线上店铺进行购买的盈利变现模式，且这种引流是跨领域的，甚至出现了游戏主播到日常礼品的导流，如图 9-12 所示。

▲图 9-12 知名主播电商导流

互联网创业者或企业没有必要亲自去验证这些淘宝主播 IP 是否有自己的店铺，如果有合适的产品也可以联系淘宝主播 IP 来协助宣传，让他们来为店铺引流。

当然，那些没有开店只是帮助商家推荐商品的淘宝主播 IP 也可以从商家处获得佣金收入。在这种互联网电商模式下，直播主播 IP 充当了流量入口，为商家或自己的店铺提供推广渠道。

这种用互联网思维卖货的主播 IP 电商导流模式，可以更加精准地把握客户的需求，流量成本更低、转化率更高，具有更大的变现优势，如图 9-13 所示。

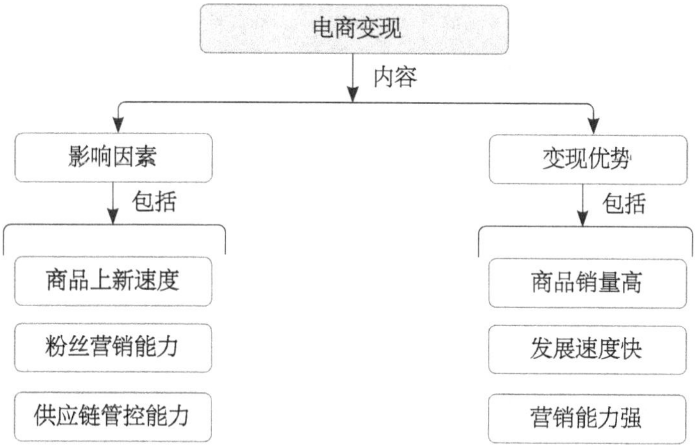

▲图 9-13 电商变现的影响因素与优势

097 优质内容付费

在直播领域，除了打赏、受众现场订购等与直播内容和产品有间接关系的盈利变现模式外，还有一种与直播内容有着直接关系的盈利变现模式，那就是优质内容付费模式——粉丝交付一定费用后才可以观看直播。当然，采用这种盈利模式的直播平台和主播首先应该具备 3 个前提条件。

◆ 有一定数量的粉丝。

◆ 粉丝的忠诚度较高。

◆ 有优质的直播内容。

在具备上述条件后，直播平台和主播就可以尝试进行优质内容付费的盈利变现模式。它主要出现在有自身公众号的直播内容中，是由微信公众号文章的付费阅读模式发展而来的。如千聊微课、新东方等，图 9-14 所示是“千聊 Live”公众号上的直播付费内容。

▲图 9-14 “千聊 Live”公众号上的直播付费内容

在尽可能吸引受众注意的前提下，优质内容付费的盈利模式主要可以分为 3 类，具体如下。

1. 先免费，后付费

对于那些有着优质内容，但平台直播业务的开展还处于初创期的主播和平台而言，可以先让受众通过免费的方式来关注直播和主播内容，从而构建起用户关注的兴趣，然后再推出付费的直播内容。微信公众号“手机摄影构图大全”就是利用这一优质内容付费方式来推广直播和实现盈利变现的。

该公众号首先通过同一领域的知名公众号——“玩转手机摄影”在千聊 Live 上的直播间开设了免费微课，以扩大直播内容和主播的影响力，为后续的直播推广和优质内容变现提供了条件，如图 9-15 所示。

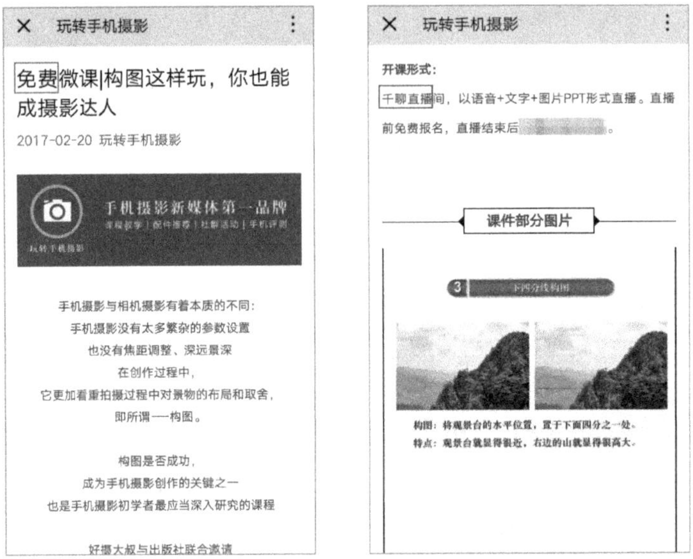

▲图 9-15 “手机摄影构图大全”公众号与“玩转手机摄影”公众号合作的千聊直播的免费微课宣传

然后在千聊 Live 上建立直播间，引导自身公众号平台的粉丝和千聊 Live 的粉丝关注直播，在时机成熟的情况下推出付费关注直播，如图 9-16 所示。

▲图 9-16 “手机摄影构图大全”公众号的千聊直播的付费微课宣传

2. 限时免费

直播平台和主播除了提供初创期的免费直播课程外，有时还会提供另一种免费方式——限时免费。一般是直播平台设置免费的方式和时间，意在说明该直播课程只在某阶段是免费的，之后会以付费的方式出现，提醒受众注意关注直播节目和主播。千聊 Live 上就专门设置了一个接口和专区对直播节目进行了归类，如图 9-17 所示。

▲图 9-17 千聊 Live 上的“限时免费”接口设置

> **温馨提示**
>
> 它与“先免费，后付费”的方式有相似之处，都是免费和付费两种方式都存在。但其区别在于“限时免费”方式的收费设置可以存在任何时候，针对任何节目。而“先免费，后付费”的方式是基于让受众了解直播节目和主播而设置的，在“免费”和“付费”选择上是有序的。

3. 折扣付费

为了吸引受众关注，直播平台也会采取打折的方式。它能让受众感受直播节目或课程原价与折扣价之间的差异。当原价设置得比较高时，受众一般会产生一种“这个直播节目的内容值得一看”的心理，然而又会因为它的“高价”退却，假如此时打折，就给了那些想关注直播的受众一个观看的契机——“以低价就能看到有价值的直播，真值！”

098 游戏道具盈利

“游戏道具盈利”的关键点在道具上，而“游戏”是其所属的行业领域，它表示这一盈利变现模式一般出现在游戏直播中。下面以游戏行业为例，具体介绍以道具为盈利手段的模式。

相较于其他直播的盈利方式，游戏道具盈利模式明显与众不同，那就是其直播节目的内容是免费的，但是当受众要参与其中成为游戏玩家而使用道具时，就需要进行购买了。当然，这也是游戏直播最大的盈利变现途径。

之所以在游戏行业中引入道具盈利模式，是基于 3 个方面的因素，如图 9-18 所示。

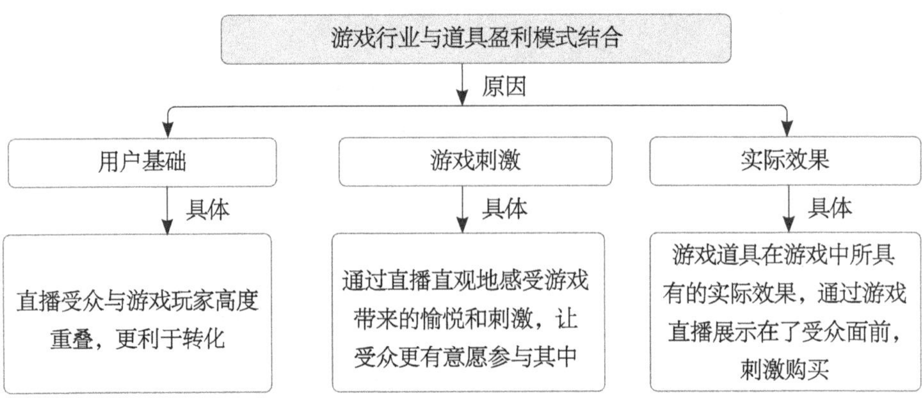

▲图 9-18 游戏行业引入道具盈利模式的 3 个原因

可见，在游戏直播中，刺激购买道具的盈利模式还是值得尝试的，特别是在游戏直播中所需要和提供的道具种类繁多的情况下。具体说来，游戏平台和道具商城提供给游戏玩家的道具一般是按照其提升角色技能的表现来划分的。它们除了那些用于游戏的具体道具以外，还包括其他一些用于游戏的抽象道具，具体如下。

1. 游戏装备

这是常见的游戏道具，就游戏装备的各种用途而言，又包括多种类别，如各种提升能力的虚拟“丹药”“武器”等。

2. 技能经验值

虽然游戏技能可以在游戏过程中慢慢领悟，也可以在观看游戏直播中学到，但是作为游戏道具盈利的一部分，它仍然是道具商城的重要商品，其原因就在于有些游戏没有游戏技能熟练度的设定，但提升级别却是需要一定经验值的。

3. 角色属性

在游戏中，角色属性也可以作为道具的一个重要组成部分而存在，特别是游戏角色本身所具有的各种属性，如图 9-19 所示，是游戏角色的卖点所在。

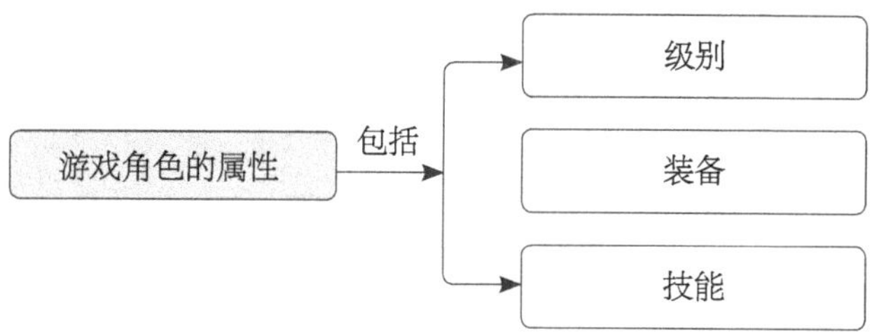

▲图 9-19 游戏角色的属性

其实，前面两种游戏道具都可以在角色属性中找到，因此，想要快速提升自身在游戏中的角色能力，完全可以通过购买游戏角色来获得。同是玩家的受众在观看直播时可能基于某一角色的吸引或游戏所需而购买，从而实现盈利变现。

099 美食“吃播文化”

在视频直播营销大势下，餐饮行业应该怎样选择呢？其实，美食之所以称之为“美”，主要在于“味美”，而“味美”两字仅仅通过文字和图片描述还是无法全面展现出来的。而想要更好地表现“味美”，可以从两个方面着手，如图 9-20 所示。

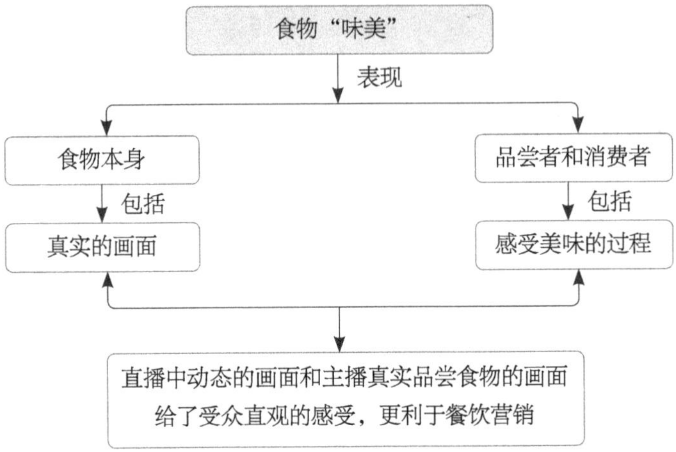

▲图 9-20 食物“味美”的表现

可见，直播给餐饮营销提供了一个更加生动、直观展现的平台，因此，把直播与餐饮联系起来，利用直播内容和主播的影响力来发展餐饮，不失为一种有效的盈利变现途径。随着直播与餐饮的结合，形成了一种“吃播”文化，出现了各种各样关于美食的直播，最终又成为餐饮营销的一种有效方式。

例如，美拍网直播平台一位名为“大胃王密子君”的主播就凭借其“号召力”而接受来自餐饮企业和商家的邀约，用手机进行直播，在试吃或品味美食的过程中进行点评，将美食的各种特色用画面和述说完整、清晰地展现在受众面前。

100 直播活动盈利

在直播平台上，运营方还会针对新用户和会员展开各种各样的活动，并以此来实现盈利。

针对新用户，运营方一般会采用送礼品或一定数额的充值来获得某种利益的活动来吸引受众关注直播；针对会员用户，直播平台会不时推出各种不同的营销活动，促进会员消费以及与平台的互动，并充分挖掘老客户的营销潜力。具体说来，一般包括两类，一是礼包的赠送，二是推出与会员权益相关的新活动。

第 10 章

风险管控：小心驶得万年船

学前提示 >>>

在网络直播风行的时代，由于其发展迅猛和形式的多样性，在各种制度规范还不完善的情况下，隐藏着各种风险，所以要格外警惕和小心其中的陷阱和雷区。本章就对网络直播领域中的各种风险管控进行介绍。

要点展示 >>>

- 警惕："虚假繁荣"转向即风险
- 雷区：远离"灰色边缘地带"
- 非法侵扰：他人镜头下的风景
- 擅自经营：直面违规查处风险
- 逃税暗礁：个税缴纳不能忘
- ……

101 警惕："虚假繁荣"转向即风险

网络直播从出现到迅速发展仅仅经历了一两年的时间，就形成了"互联网＋"时代的重要产物和新兴产业，实现了迅速繁荣，发展盛况空前，具体表现如图 10-1 所示。

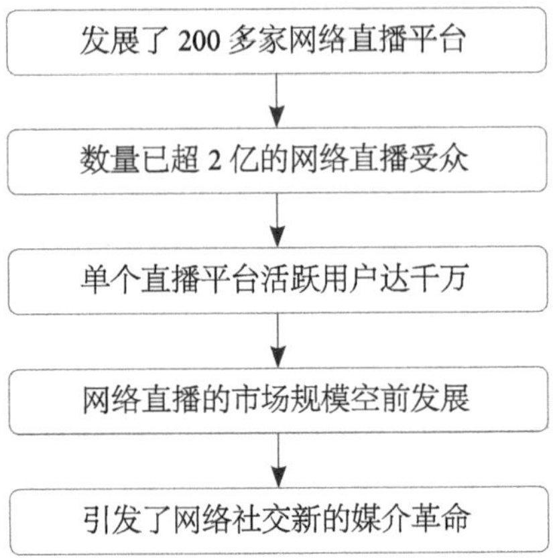

▲图 10-1 网络直播的盛况

然而，这一盛况背后却隐藏着巨大的危机和风险，其繁荣表现的一些方面也开始转向虚假，更有甚者，有些方面的表现根本就是无限膨胀的泡沫，这使得直播行业的发展出现了难以约束的风险。网络直播发展的"虚假繁荣"主要表现在两个方面，具体内容如下。

1. 主播收入

一般来说，主播的收入还是不能跳出薪资、打赏分成、电商及其广告这三个方面，而对于大部分主播来说，这三个方面加起来的年收入还是有限的，并不是如网络所传播的那样——"年收入上千万元""年收入上百万元"等，也可能有个别主播凭借着巨大的影响获得了不菲的收入，但并不是所有的主播都能实现这样的收入目标。

一般主播集三个方面的收入，在扣除了公司提成和缴纳了个人所得税之后，其真正所得的大多只相当于总数的三分之一。因此，一些发展势头较好、影响力大的主播是有可能获得不菲的收入，然而大多数的主播无论是其影响力和主播素养都一般，那么他们的工资水平只是维持在正常稍微偏上一些，而与传闻中的巨额年收入相去甚远。

2. 直播点击量

前面提及的主播收入在很大程度上与直播节目的粉丝和点击量相关。粉丝越多、点击量越大的直播节目其主播收入自然就越高。因此，为了提高收入，有些主播会制造一些虚假受众量来提升点击量。具体说来，主要有两种做法，如图 10-2 所示。

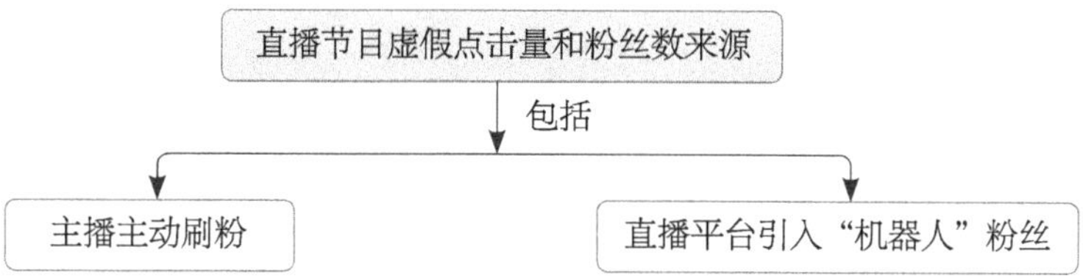

▲图 10-2 直播节目虚假点击量和粉丝数来源

在这两种做法中，前者主要是由主播自身来完成的，这种方法可以通过现金购买来实现，一般能以很低的价格获得粉丝数和点击量的大幅度增长。

后者则是由直播平台来完成的，其目的是提升平台的形象和影响力。为了实现平台的快速发展，直播平台一般会选择一些有一定潜力的主播进行“包装”，从而引入了“机器人”粉丝。

102 雷区：远离“灰色边缘地带”

在直播行业发展迅速和竞争加剧的情况下，怎样脱颖而出并进行引流、实现盈利才是网络直播平台的最终目的。基于这一目的，不少平台开始在“灰色边缘地带”游离，在直播内容的打造方面只注重如何吸引受众注意，而不是真的从打造优质内容的角度出发来发展直播。

从直播出现到今天，一些直播平台的节目内容打造开始进入发展的两大雷区，存在很大的风险，如图 10-3 所示。

因此，直播平台的运营者和主播在打造节目内容的过程中，一定要言之有物，严格要求自身，保证提供给受众的是能为他们带来实质意义的内容，而不是一些毫无实际意义的“无聊内容”，更不能是一些违法违规和错误引导受众价值观的内容。

想要做到让直播内容完全远离内容雷区，除了直播平台和主播对自身行为的约束外，还应该在市场监管方面下功夫。但是要注意的是，相对于电影、电视剧等传播方式而言，直播的即时性特征导致其无法进行提前审查，而直播结束后的惩罚相对于已经造成的不良影响而言收效甚微。

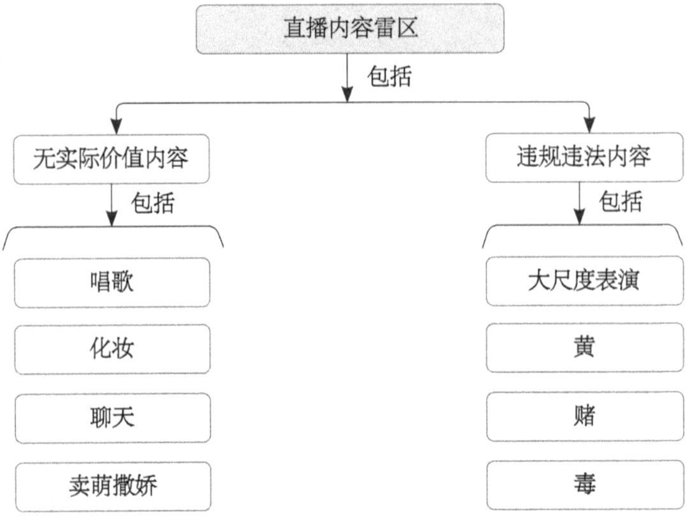

▲图 10-3 直播内容两大雷区

因此，为了远离内容的“灰色边缘地带”，扫清直播内容的雷区，一方面需要构建起主播和直播平台强烈的自我约束意识，另一方面需要从 4 个方面进行严格的市场监管，如图 10-4 所示。

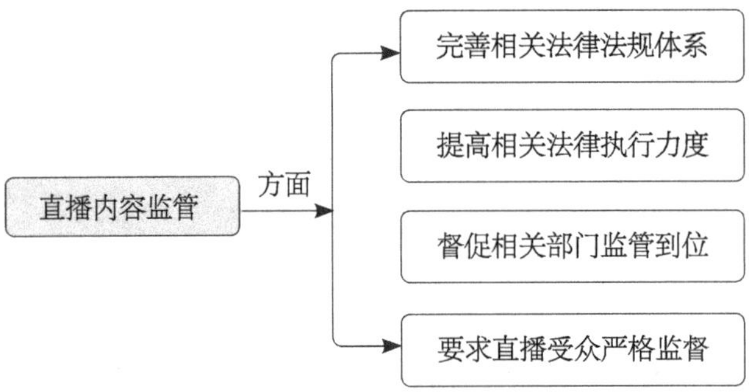

▲图 10-4 直播内容的市场监管

103 非法侵扰：**他人镜头下的风景**

随着直播的迅速发展和全民直播的兴起，人们生活的各个角落都有着视频直播的痕迹。而在这样的直播氛围下，直播的视频就很有可能会把直播周围的人、物等摄入其中，特别是在户外直播中，这种现象更是常见。

可见，在直播盛行的环境下，用户的隐私和肖像权不经意间就会遭到非法侵扰，成了别人观看风景或他人牟利的工具，如图 10-5 所示。

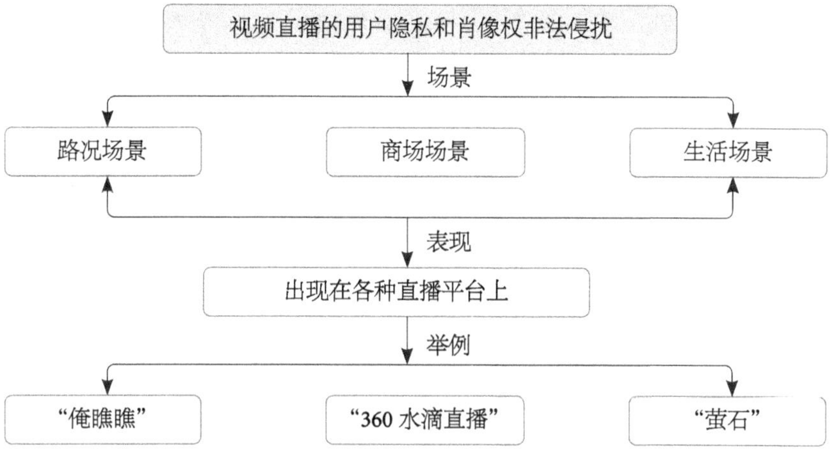

▲图 10-5 视频直播的用户隐私和肖像权非法侵扰

具体说来，在视频直播中，那些不拘囿于室内限定范围的直播内容，大多存在侵扰他人肖像权和隐私权的问题，比如一些网络直播将商场、人群作为直播背景，全然不顾路人是否愿意上镜。

可能有些人对此不以为然，认为处在公共场合这一场景中的隐私权是不存在或者是可以忽略的。然而，从法律的角度来看，即使处于公共场合，公众的隐私权也是存在的，也是受法律保护的。

在此，有必要对隐私权的概念充分解释一番。具体说来，隐私权这一概念的关键在于两个方面，如图 10-6 所示。

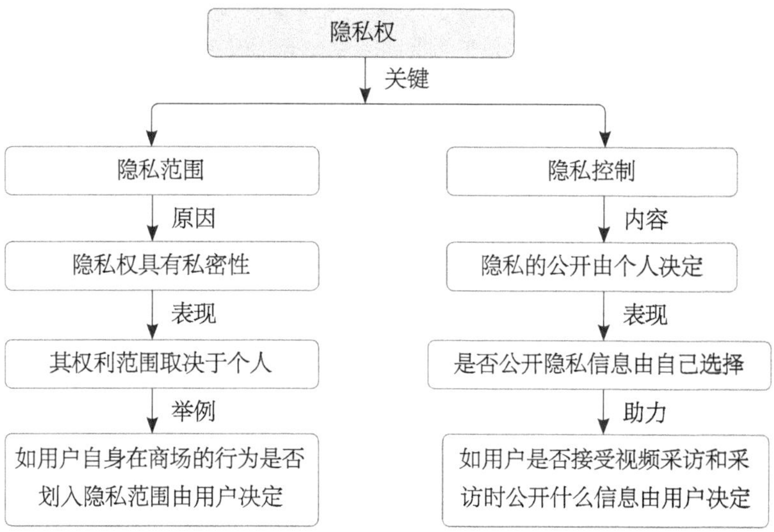

▲图 10-6 隐私权的两个方面

由此可见，当用户处于商场、道路等公共场所时，其自身的隐私权还是受法律保护的，不能被非法侵扰。也就是说，主播在公共场景中直播时，即使是在无意间把他人摄入了视频中，也不能在未经用户许可的情况下将视频上传至直播平台。

104 擅自经营：**直面违规查处风险**

面对直播行业的巨大经济利益诱惑，许多经营单位或网站平台不仅在直播内容上存在风险，其本身还存在擅自经营的风险。

平台的擅自经营包括两个方面的内容，具体如图 10-7 所示。

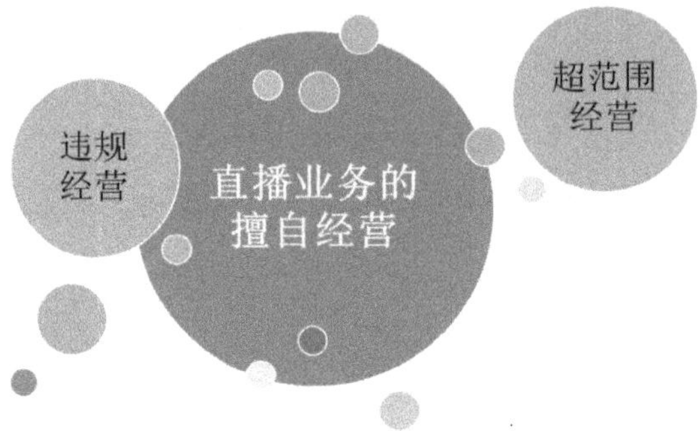

▲图 10-7 直播业务的擅自经营内容

直播业务的违规经营指的是平台和主播是在没有文化部门和工商部门登记许可的情况下进行直播的，它们是利用视频直播推出和进驻的便利性而违规进行直播的。

而直播业务的超范围经营指的是平台的部分直播节目是在没有得到政府相关部门——文化部门和工商部门的许可，它们所推出的直播并不在其工商登记所属的经营范围之内。例如，一个以推出新闻为主打业务的平台突然推出了直播，而其在有关部门所登记的相关业务并不包括直播，这就属于超范围经营行为。

无论是违规经营还是超范围经营，从法律上来说都应该受到惩处，文化部门和工商部门有权对其进行查处。

那么，在直播业务擅自经营行为频出的情况下，怎样才能更好地对其进行管理和规范呢？其实，首先应该找到出现这种现象的原因，再针对性地加以解决。而造成这种擅自经营现象频出的原因是什么呢？本书将其总结为三点，如图 10-8 所示。

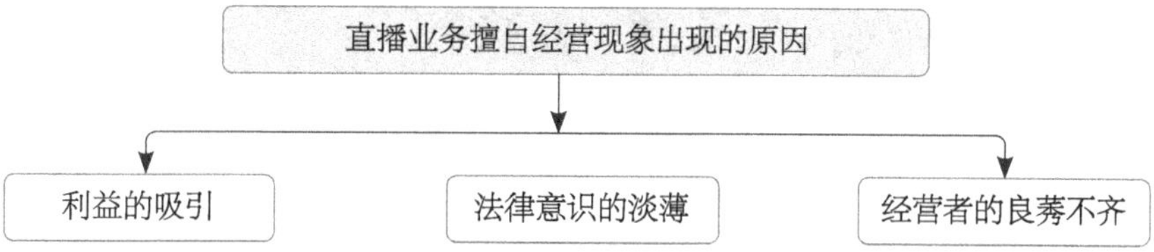

▲图 10-8 直播业务擅自经营现象出现的原因

105 逃税暗礁：**个税缴纳不能忘**

从薪资收入来看，视频直播从业者的收入特别是主播的收入相对较高，于是，很多具备基本条件的人员看中了主播这一高收入工作，蜂拥而上。前面已经提到，主播的高收入包含了一定的虚假成分，其繁荣假象的出现主要来源于两个方面，如图 10-9 所示。

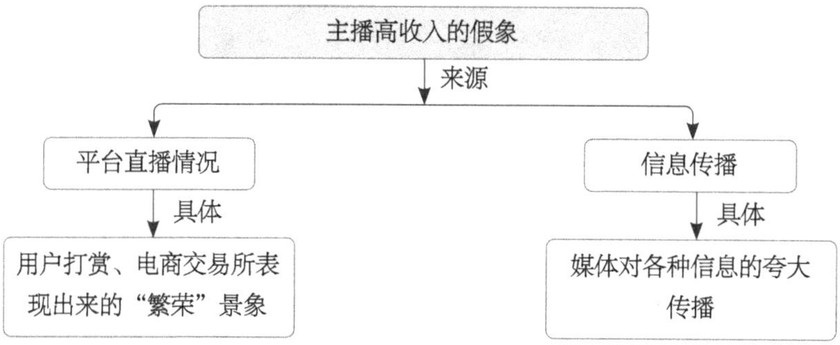

▲图 10-9 主播高收入的假象

图 10-9 中所示的两个方面是用户直观看到和感受到的，这使得人们认为网络视频主播的收入真“高”。然而，从平台直播的情况来看，打赏和电商交易的热闹场景毕竟是真实存在的，因此，从另一方面来看，“人气火爆的主播月薪上万很普遍”的说法还是有一定根据的。

直播平台上存在众多人气主播，他们都有着非常可观的收入，这就涉及了个人所得税的缴纳问题。然而由于直播平台本身有着不同于线下实体企业的特性，以及那些有着线上店铺的主播收入的计算，都为其个人所得税的缴纳带来了不确定性，更容易让主播寻找到逃税的漏洞。

从法律层面上来说，这种行为可能会构成刑事犯罪。主播逃税，不仅对其自身，而且对整个直播行业都会造成极其恶劣的影响。

106 “无聊直播”：深藏“孤独病”

在经济快速发展和生活快节奏的今天，许多年轻人在现实生活中无法找到自身存在的价值和优势，逐渐开始转向在虚拟环境中找寻价值和认同感，如网络游戏、社交平台等。

而随着直播的出现，一个提供价值展现和认同感的新平台出现了。尤其是直播平台上的“无聊直播”，更是深刻地反映了年轻一代的孤独感。如 bilibili 直播视频网站就与小米合作了一个长达 7 天的名为“小米 MAX 超耐久无聊待机直播”节目，出乎意料地吸引了 1 000 多万受众的关注。

在这一直播节目中，7 天内所有的直播内容都力求将“无聊”这一字眼发挥到极致，纯粹是为了打发无聊的时间而展开的，并且，直播节目本身就表现出了无聊时的状态。如图 10-10 所示为“小米 MAX 超耐久无聊待机直播”节目内容。

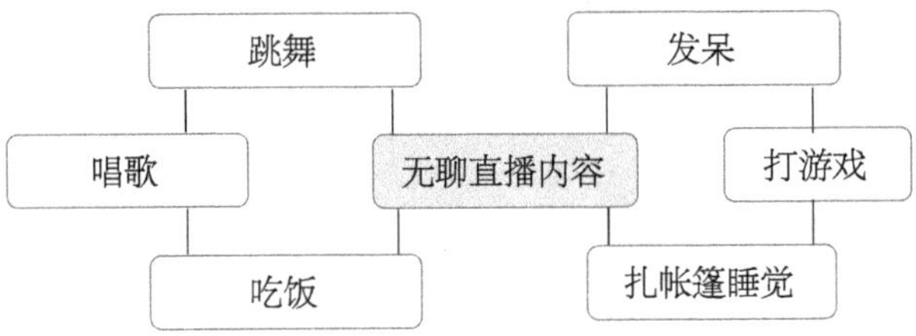

▲图 10-10 “小米 MAX 超耐久无聊待机直播”的节目内容

由此可见，有些人关注直播并不是为了从中寻找到某种刺激或是学到某项技能，他们有可能只是因为无聊而“看无聊”。有人曾做过一个“实验”，其结果让人震惊：基于一定的平台文化氛围下，当主播缺失时，关注用户竟然进行了大量互动，出现了一两万人面对空镜头同时在线发送弹幕的情况。

同样，在直播平台推出的“最无聊的直播”竟然也获得了不少人的打赏。

这类直播都是针对年轻用户群体而展开的营销方式，是基于年轻用户寻求认同的心理需求而进行的。

此举反映了年轻用户群体的“无聊”心理以及隐藏其中的“孤独病”。这是值得直播平台和主播关注的，直播平台应该承担起相应的责任和义务，为其提供有价值的直播内容，不能纯粹以“博眼球”为目的而胡乱制作直播内容，同时也需要直播平台创作正面内容引导年轻用户群体从“低头族”中走出来，在现实的社会交际中寻找到自身价值。

107 IP 保护：著作权争议不断

网络直播的市场越来越大，与资本的鼎力支持密不可分，从某种意义上来说，网络直播的投资就是一场“烧钱大战”。同时，资本融资也意味着企业对网络直播领域的人气 IP 即将展开争夺。在这样的情况下，直播人气 IP 争夺过程中关于著作权的保护问题引发了诸多争议，反过来又影响了直播产业投资的发展，具体分析如图 10-11 所示。

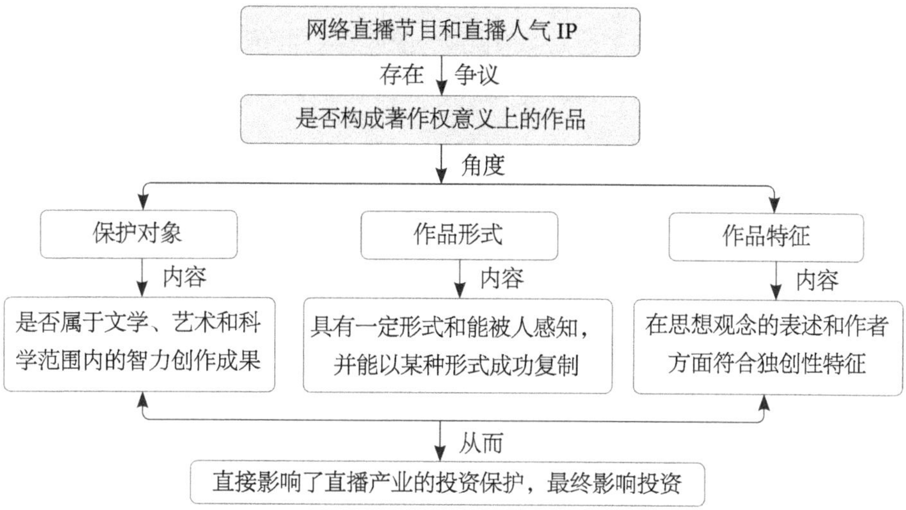

▲图 10-11 网络直播节目和直播人气 IP 的著作权争议

就网络游戏直播类节目而言，就存在着著作权上的争议，主要表现在两个方面：一是从独创性方面来说，我国目前的法律还没有明确规定，这就为直播节目是否构成著作权意义上的作品提供了具有争议的话题；二是从网络游戏直播的类型来看，也存在保护的难度，具体如图 10-12 所示。

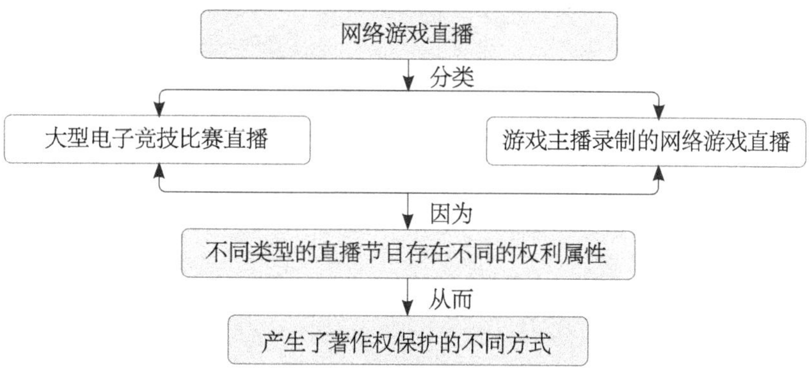

▲图 10-12 网络游戏直播的著作权争议

应该怎样保护不同类型的直播视频呢？可以根据其独创性的高低进行分类别保护。由于制作大型电子竞技赛事直播节目一方面需要原创，过程极其复杂，另一方面具有重要的产业价值，因此将其归为作品类型进行保护；而游戏主播、玩家自制的网游直播没有太大的独创性，仅仅是对游戏视频的客观解说，不能构成作品，因此则将其归入录音、录像制品类型。

108 自采内容：**新战地的舆论洪流**

移动终端技术的发展为直播用户自发生产内容提供了更大空间，点燃了普通人成为主播的梦想和热情，很多人在具备一定条件的情况下成功开启主播等级，如图 10-13 所示。

然而，在《互联网新闻信息服务管理规定》中，规定了“非新闻单位依法建立的综合性互联网站不得登载自行采写的时政类新闻，只能转载规范新闻”。因此，当自采内容的直播涉及时政类内容时，就违反了相关的规定，同时还有可能形成舆论洪流，影响社会热点问题的正确分析。

更重要的是，考虑到文字监控技术的发展而造成删帖，视频成了新的舆论传播形式。因此，一些舆论事件的源头开始转向直播和短视频，从而使得直播和短视频成为网络内容监管新的挑战区域。

▲图 10-13 开启主播等级入口